Peter Bartning

Das Innere Kind in der Paarbeziehung

Peter Bartning

Das Innere Kind in der Paarbeziehung

HERDER

FREIBURG · BASEL · WIEN

MIX
Papier aus verantwor-
tungsvollen Quellen
FSC® C083411

© Verlag Herder GmbH, Freiburg im Breisgau 2016
Alle Rechte vorbehalten
www.herder.de

Umschlaggestaltung: total italic, Thierry Wignberg,
Amsterdam/Berlin
Umschlagmotiv: © Thinkstock
Autorenfoto: © privat

Satz: de·te·pe, Aalen
Herstellung: CPI books GmbH, Leck

Printed in Germany

ISBN 978-3-451-61375-3

Inhalt

Vorwort

Seit 35 Jahren gilt meine Leidenschaft den Inneren Kindern. Als ich meine erste Psychotherapie-Ausbildung in Transaktionsanalyse begann, erfuhr ich erstmals systematisch von inneren Dialogen. Diese hatte ich schon vielfach in der eigenen Psyche erfahren und erlitten; der Ausdruck »Leidenschaft« ist daher auch in dem Sinne eines »Leidens« zu verstehen.

Manche besonders heftige innere Dialoge hatte ich hinsichtlich Beziehungen aller Art: in meinen Paarbeziehungen, in meinem ersten Beruf als Gemeindepastor und durch meine Klienten. Ich begriff damals, dass alle Dialoge durch die vielfältigen Begegnungen nur angestoßen wurden, dass diese also längst schon in mir waren und jeweils nur eine Art Comeback erfuhren. Denn in irgendeiner Form hatte sich alles schon ähnlich in meiner Kindheit zugetragen.

Insofern lernte ich zwar vieles, was ich im Folgenden über Paarbeziehungen berichte, durch meine Klienten, aber auch aus meinen eigenen Partnerschaften sind mir solche inneren Dialoge wohlbekannt. In Krisen und vor allem in der Zeit der Trennung und Scheidung von meiner ersten Frau habe ich quälende Selbstvorwürfe und Selbstzweifel persönlich erlebt. Die Basis dieses Buches bildet aber vor allem meine langjährige Arbeit mit Klienten. Dabei verstehe ich mich wie eine Art Hebamme, die den Kindern – hier eben Ihren Inneren Kindern – ins Licht des Bewusstseins verhelfen will.

Die Beispiele, die ich in diesem Buch aufführe, gehen auf das Erleben meiner Klienten zurück; selbstverständlich habe ich die Beispiele verallgemeinert, sodass eine Zuordnung zu bestimmten Personen nicht mehr möglich ist. Wahrscheinlich sind es gerade solche Verallgemeinerungen, die Leserinnen und Leser anziehen, weil sie sich in ihnen wiederfinden können. Ich höre in meinen Beratungen oft Sätze wie: »Was Sie da auf Ihrer Webseite schreiben, das trifft haargenau auf uns zu.« Mich wundert das nicht. Denn wir Menschen sind gar nicht so verschieden, wie es scheint. Unsere Psyche arbeitet nach denselben Gesetzmäßigkeiten wie die Psyche unseres Freundes oder Feindes, wie die unserer Lebensgefährten und die des uns gänzlich Fremden.

Diese Gesetzmäßigkeiten sind es, die mich immer wieder faszinieren: welche mitunter raffinierten Wege unsere Psyche einschlägt, damit sie mit den unterschiedlichsten Gegebenheiten klarkommt.

Bevor Sie nun in das Buch hineingehen, möchte ich insbesondere meine Leserinnen um Nachsicht bitten, dass ich es mir zugunsten des besseren Leseflusses sehr schnell wieder abgewöhnt habe, auf an sich angemessene Weise die weibliche und männliche Form jeweils auszuschreiben, wie beispielsweise »Partner/in« oder »Betrogene/r«. Ich mochte so meinen eigenen Text nicht mehr so recht lesen. Deshalb habe ich mich dann doch entschieden, nur in der männlichen Form zu schreiben. Natürlich sind stets beide Geschlechter gemeint.

Mein Wunsch ist es, dass Sie, liebe Leserin, lieber Leser, einen Einblick in die kompliziert scheinenden Pfade unserer Psyche und das Wirken Ihrer Inneren Kinder in Ihrer Paarbeziehung gewinnen. So werden Sie wohl manche Probleme im Vorfeld erkennen und sogar vermeiden können.

Ich wünsche Ihnen ein interessantes und erfolgreiches Pfad-Finden.

Hinweis:
Die in diesem Buch gegebenen Anleitungen sind nur allgemeiner Art und demzufolge keinesfalls als psychotherapeutische Ratschläge oder gar als Paar- oder Psychotherapie anzusehen. Dazu ist Ihre Situation als Leserin oder Leser zu individuell! Sie werden von daher verstehen, dass eine Anwendung der Inhalte dieses Buches auf eigene Gefahr erfolgt; irgendeine Haftung seitens des Autors oder Verlages muss daher ausdrücklich ausgeschlossen werden.

Einführung

Paare und Kinder – das kann man sich schon vorstellen, sogar lebhaft. Aber Paare und Innere Kinder?

Andererseits: Kennen wir es nicht zumindest vom Zuschauen, dass sich frisch verliebte Erwachsene glucksend im Kaufhaus unterhalten wie kleine, glückliche Kinder, die die Welt ringsum vergessen haben? Dabei scheren sie sich auch nicht um Leute, die schmunzelnd oder kopfschüttelnd danebenstehen.

Oder kennen wir nicht alle Situationen, wo die anfangs so große Liebe urplötzlich umschlägt in Kampf oder gar Hass? Wo man sich derart streitet, dass ein Außenstehender – wenn es ihn denn in diesem Moment gäbe – meinen würde: Das ist ja wie im Sandkasten, gleich schmeißen die mit Sand!

Also: Überall haben wir es mit Kindern zu tun, nicht nur bei tatsächlich dem Lebensalter nach noch sehr jungen Menschen. Wenn also unsere Inneren Kinder imstande sind, mit Sand zu werfen beziehungsweise Untertassen und überhaupt unsere Paar- und sonstigen Beziehungen zu steuern, dann sollten wir schon ein Auge auf sie halten. Oder vielleicht auch eine Hand, mit der man ihnen zu verstehen gibt: »Ganz ruhig, komm erst mal runter.«

Aber damit ist es meistens nicht getan – oder haben Sie sich nicht schon einmal vorgenommen, in einem

Krach mit Ihrem Partner ganz ruhig zu bleiben? Wahrscheinlich hat das nicht geklappt. Die Inneren Kinder machen nämlich, was sie wollen! Und das ist auch nicht verwunderlich, denn unsere Inneren Kinder sind zumeist in unserem Unterbewusstsein verankert. Und da kommt man ja bekanntermaßen schwer dran.

Sehr häufig, fast immer mischt das Innere Kind bei Streits kräftig mit. Manchmal kommt man sich in solchen Streits geradezu wie fremdgesteuert vor, dabei hat nur ein Inneres Kind das Ruder übernommen.

Es scheint geradezu unglaublich, ist aber wahr: Wir alle folgen zu über 90 Prozent unserem Unterbewusstsein, lediglich knapp 10 Prozent unseres Alltags können wir bewusst gestalten.[1]

Das ist der Grund dafür, dass man sich oft geradezu fremdgesteuert fühlt; und man ist in extremen Situationen gar nicht imstande, sich bewusst im Zaum zu halten.

Ein Beispiel: Ein kleines Kind würde natürlich durchdrehen, wenn es von den Eltern verlassen werden würde. Ein Inneres Kind kann in genau solche Ängste und Wut geraten, wenn es auch nur den Eindruck hat, der Partner könnte die Beziehung beenden. Und da es inzwischen über erwachsene Kräfte verfügt, kann es unter Umständen mit Mord und Totschlag reagieren. Wohlgemerkt: Das Innere Kind in uns könnte so reagieren. Dass es bei Trennungen sehr selten zu solch extremen Handlungen kommt, haben wir dem Umstand zu verdanken, dass gewöhnlich genügend erwachsene Anteile vorhanden sind, gegen die das Innere Kind nicht hervortreten kann.

Hirnforscher[2] nennen recht erschreckende Zahlen dazu, dass wir zum überwiegenden Teil sozusagen auf Automatik laufen, von unserem unterbewussten Autopiloten gesteuert werden. Um es anschaulicher zu beschreiben: Wir alle laufen je einmal als sichtbare Person herum, wohingegen neun »Personen« von uns jeweils unsichtbar wären, die unser Unterbewusstsein repräsentierten. Das entspricht dem oben genannten Zahlenverhältnis von 10 Prozent Bewusstsein zu 90 Prozent Unterbewusstsein. Da hat man als »Sichtbarer« mit dem sogenannten »freien Willen« nur begrenzte Chancen.

Doch man kann lernen, mit dem Unterbewusstsein umzugehen. Zwar hat das Unterbewusstsein seine eigene Gesetzlichkeit und untersteht keineswegs unserem Willensentschluss. Aber wie dennoch ein Umgehen damit möglich ist, wird besonders deutlich am Modell vom Inneren Kind.

Im Folgenden werde ich die Grundlagen vorstellen, die zu mehr Bewusstheit im Umgang mit den Inneren Kindern führen können. Zusätzlich ermöglichen praktische Übungen, die Paarbeziehung immer mehr zu verbessern.

Und noch eine gute Nachricht: Zum Erforschen des Inneren Kindes müssen wir nicht über die Zusammenhänge und Hintergründe nach*denken*, sondern eher nach*spüren*, die Emotionen schweifen lassen. Das ist dem Unterbewusstsein gemäßer als das analytische Denken. Und dann erkennen wir mehr und mehr auch mit dem Bewusstsein, wie gut es unser Unterbewusstsein mit uns meint.

15

Das Konzept vom »Inneren Kind«[3]

Das Innere Kind ist ein symbolhafter Ausdruck für Teile unserer Psyche. Dieser Begriff ist unter anderem bekannt geworden durch die Bücher von John Bradshaw[4] beziehungsweise Erika Chopich und Margaret Paul.[5] Sie gehen davon aus, dass alle Erfahrungen und die damit verbundenen Gefühle unserer Kindheit unauslöschlich in unserem Gehirn gespeichert sind, wo sie jederzeit reaktiviert werden können. Diese Gefühle und Erfahrungen können sehr schön, aber auch sehr problematisch sein, insbesondere wenn ein verletztes Inneres Kind verdrängt wird. Zwischen positiven und negativen Gefühlen eines Inneren Kindes kann eine große Bandbreite an Empfindungen liegen.

Der größte Teil der Psyche entwickelt sich weiter, wird mehr und mehr erwachsen. Aber insbesondere bei traumatischem Erleben entfaltet sich der betroffene Teil der Psyche künftig nicht mehr ohne Weiteres. Er wird unter Umständen wie »schockgefroren« und bleibt hinsichtlich der Gefühle und Erinnerungen zu diesem Erleben auf dieser Entwicklungsstufe stehen. Die Persönlichkeit kann dadurch gewissermaßen »zerfasern«, und solche Teile werden die »verletzten« Inneren Kinder genannt. Werden positive Erfahrungen gemacht, sind diese im »freien« Inneren Kind aufbewahrt, jedoch bleibt man in seiner Gesamtentwicklung dann nicht hängen.

Alle früher gemachten Erlebnisse, positive wie problematische, liefern für das weitere Leben Schablonen, nach denen alle weiteren Erfahrungen einsortiert oder gar passend gemacht werden.

Wenn man als Kind verletzt worden ist, entsteht seelischer Schmerz. Wenn das Kind dann befürchtet, dass
der Schmerz immer wieder eintreten könnte, kommt
als zusätzliches Gefühl Angst hinzu. Früher oder später gerät das Kind darüber in Wut. Es drückt damit aus:
»Hier muss sich was grundlegend ändern!«

Wenn die Eltern jedoch schon nicht mit Schmerz
oder Angst ihres Kindes angemessen umgehen konnten, dann können sie es zumeist auch nicht mit der dann
folgenden Wut. Daraufhin geschieht eine Art Quanten-
sprung: Die allermeisten Kinder entdecken unterbewusst eine geniale Einrichtung der Psyche – die Abwehr. Diese besteht aus vielen – von Sigmund Freud so
bezeichneten – einzelnen Abwehrmechanismen (zum
Beispiel Verdrängen, Ablenken, Flüchten in Scheinwel-
ten, Hobbys oder Süchte). Mit deren Hilfe werden
Schmerz, Angst und Wut aus dem Bewusstsein verbannt oder wenigstens auf ein erträgliches Maß ge-
dämpft.

Hierbei muss betont werden, dass Verletzungen natürlich auch durch besondere Umstände zustande
kommen können. Wenn Eltern eines Frühgeborenen
zum Beispiel auch jeden Tag an den Brutkasten kämen
und alle nur erdenkliche Liebe zeigten, würde das
Frühgeborene aller Wahrscheinlichkeit nach trotzdem
einen großen Schmerz fühlen: »Ich bin so allein!« Und
das könnte ebenfalls die Gefühlskaskade von Schmerz-
Angst-Wut einleiten, die dann durch Abwehr zu einem
vorläufigen Verstummen gebracht werden müsste.

Abgewehrte Gefühle verschwinden aber nicht, sondern sie rumoren im Unterbewusstsein weiter. Von

Zeit zu Zeit, wenn eine aktuelle Situation ähnliche Gefühle hervorruft, verschaffen sich die verdrängten Gefühle aus der Kindheit Luft. Das Innere Kind reagiert dann mit Verhalten, das der eigentlichen Situation überhaupt nicht mehr angemessen ist. Wenn man in Betracht zieht, welche enorme Wut Kinder entwickeln können, und sich vor Augen führt, wie sie sich zum Beispiel auf den Boden werfen und mit Armen und Beinen strampeln, dann bekommt man eine Ahnung von der Energie Innerer Kinder. Diese kann durchaus zum Ausrasten und zu Aggressivität oder sogar Tätlichkeiten führen.

Darüber hinaus hat die Abwehr der unangenehmen Gefühle einen hohen Preis: Sie muss ja mindestens ebenso groß sein wie Schmerz, Angst und Wut zusammen. Wenn so viel Kraft für die Abwehr aufgewendet werden muss, wie viel seelische Energie bleibt da noch für Begeisterung und Glücklichsein? Nicht mehr viel. Als Folge der Abwehr entstehen deshalb oft Leere, Energielosigkeit, Sinnlosigkeit, vielleicht gar Depression – je nach Intensität der abgewehrten Gefühle. Unbekümmerte Freude, Kreativität und Glücksgefühle sind dann nur noch eingeschränkt möglich.

Jedes Innere Kind macht sich zudem unbewusst einen Reim darauf, warum ihm seine Eltern oder das Schicksal nicht genügend Liebe entgegengebracht haben. Die meisten suchen den Fehler bei sich selbst: »Ich muss irgendetwas falsch gemacht haben! Irgendwie bin ich verkehrt!« – Die Folgen sind existenzielle Schamgefühle, und diese zu bewältigen oder auch noch zu verdrängen erfordert wiederum erhebliche Energie.

Dies alles sind normale Reaktionen der Psyche auf unnormale Situationen. Sie laufen unterbewusst in allen Altersstufen ab. Jedoch sind die Reaktionen nicht bei allen abgewehrten Lebensthemen gleich. Bei manchen Menschen geht die Kaskade bis zum schamvollen Kind, bei anderen nur bis zur Wut – das ist individuell verschieden.

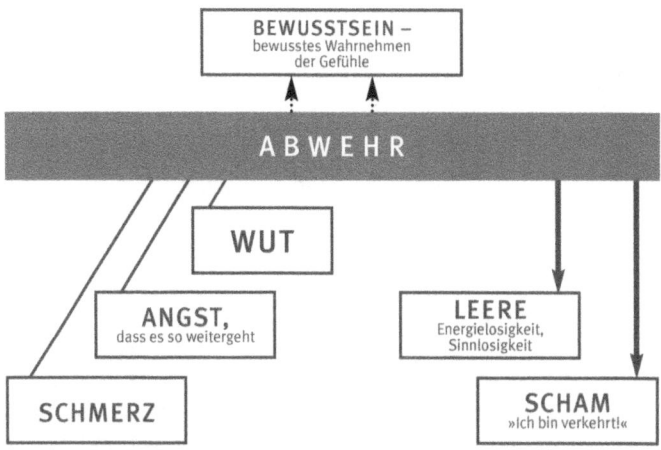

Reaktionen der Psyche auf schmerzhafte Erfahrungen

Dieses Schaubild[6] zeigt das schon vollendete Drama: Schmerz, Angst und Wut prallen an der Abwehr fast vollständig ab. Diese lässt dann nur noch sehr wenige Gefühle in das Bewusstsein gelangen. Als Folge der Abwehr entstehen Leere und Scham.

So weit zum Konzept des Inneren Kindes. Von hier aus wird verständlich werden, wie unsere Inneren Kinder auch in unseren Liebesbeziehungen eine wesentliche Rolle spielen.

Phasen in Paarbeziehungen

Wie wirken Innere Kinder in Liebesbeziehungen? Um diese Frage zu beantworten, ist es hilfreich, wenn wir uns die Inneren Kinder plastisch vorstellen, und zwar in allen Altersstufen: noch ungeborene Innere Kinder, Innere Säuglinge, Innere Kleinkinder und größere Innere Kinder, Innere Teenager, Innere junge Erwachsene von zum Beispiel 25 Jahren und so weiter. Unsere Psyche besteht also aus einer Menge von Teilen. Zum Glück melden sie sich nicht alle zur gleichen Zeit, aber sie sprechen (durch Gedanken und Gefühle) sehr viel öfter zu einem, als man zunächst annimmt und wahrnimmt. Doch je sensibler man für sich selbst und diese Stimmen wird, desto größere Möglichkeiten sind gegeben, angemessen darauf einzugehen.

Auf Innere Kinder eingehen bedeutet keineswegs, dass man alles tun müsste, was die Inneren Kinder wollen. Als gute Eltern macht man ja auch nicht alles, was reale Kinder wollen, oder? Etwa den ganzen Tag nur Eis und Pommes essen und fernsehen. Wichtig ist allein, dass man immer mehr in einen liebevollen Dialog mit sich selbst kommt. In uns allen finden solche inneren Dialoge statt; wir sind zu einer liebevollen Einflussnahme aufgerufen, statt sie nur zu ignorieren.

In Paarbeziehungen sind der Erfahrung nach folgende fünf Phasen unterscheidbar, die nun auf der Grundlage des Konzepts der Inneren Kinder näher betrachtet werden.

Verliebtheitsphase: »Erst zusammen sind wir ganz« – Alles geht auf

Das Herz wird weit, man schwebt wie auf Wolken, die Sonne scheint heller, die Vögel zwitschern schöner, man könnte die ganze Welt umarmen, ungeahnte Fähigkeiten und Gefühle kommen zum Vorschein – kurzum: Verliebte fühlen sich wie neue Menschen. Nach dieser Liebe hatten sie sich schon ihr ganzes Leben lang gesehnt. Weil die Inneren Kinder sich endlich mal wie von guten Eltern geliebt fühlen.

Psychisch geschieht in dieser Phase Folgendes: Die Abwehr öffnet sich, und deshalb fühlt man sich wie ein neuer Mensch. Man kommt näher zu seiner wahren Natur zurück, die unter der Abwehr verschüttet worden war. Deswegen fühlen sich Verliebte oft in Dauerekstase und hegen Liebesgefühle zu allen oder fast allen Menschen.

Beim Verlieben kann alles grundlegende Glücksempfinden wieder reaktiviert werden, und genauso verhält man sich auch: wie Säuglinge. Man ist ekstatisch, fühlt sich absolut geborgen und vom anderen verstanden, auch ohne Worte. Man fühlt sich wie Seelenverwandte und spricht zueinander fast in Babysprache: »Du, du, du, du! Ah, du Süße, ich könnt dich fressen!« Und lutscht man dann nicht auch wirklich aneinander? – Beide Beispiele sind auf den Mund bezogen, dem Wonnequell der Säuglingszeit, in der alles Entdecken der Welt zunächst mal mit dem Mund geschieht.

Und sucht man nicht immer die Nähe, die Wärme des anderen? Einheit um jeden Preis: Nichts darf trennen? So wie idealerweise nichts von dem damaligen Lebensquell, nämlich der Mutter, hätte trennen dürfen?

Deshalb spielt ja oft Sex in dieser Zeit eine so große Rolle; man ist wieder vereinigt mit jemandem. Die Rückerinnerung greift weit zurück: Man war neun Monate eins mit der Mutter, diese Zeit wird rückerinnert. Beim Sex ist man – neben vielem anderen, das hier im Spiel ist – wieder so wunderbar vereinigt: »Erst zusammen sind wir ganz« ist das besondere Empfinden. Zwar nicht über neun Monate, sondern vielleicht zwei oder zwanzig Minuten oder vielleicht fünf Stunden, je nach Ängsten, Reife und Ziel, das man miteinander hat.

Geht hingegen beim Sex etwas daneben, treten oft viele negative Gefühle zutage. Denn dies wird oft unterbewusst als Fall aus dem Paradies empfunden: als Fall aus dem rückerinnerten Paradies der Ganzheit im Mutterleib.

Ein Säugling verfügt über keinerlei Frustrationstoleranz. Ähnlich ist es bei Verliebten: Auch deren Wünsche müssen erfüllt werden, und zwar möglichst immer und sofort.

Ich erinnere mich an ein Paar, das zu mir in die Praxis kam. Das Paar genoss gerade frisch verliebt einen erneuten »Frühling«. Beide waren um die 50 und hatten vorher in anderen Partnerschaften gelebt. Neben dem eigentlichen Thema kamen wir einmal auf diese Sofort-Erwartungshaltung: Der Mann hatte eine SMS an die Frau geschrieben. Er wusste, sie war auf der Arbeit. Er wusste auch, dass sie die SMS deswegen nicht so schnell beantworten konnte. Aber er war dennoch darüber frustriert.

Die säuglingshafte, nicht vorhandene Frustrationstoleranz erklärt auch, dass eine große Liebe urplötzlich in Hass umschlagen kann, wenn die Liebe beendet oder gar mit einem Rivalen gelebt wird. Deswegen wird im Extremfall auch Mord und Totschlag begangen, sowohl an dem Rivalen als auch an dem gerade noch so heiß und innig geliebten Menschen. Devise: »Wenn ich dich nicht mehr lieben kann, dann sollst du auch keinem anderen gehören.« – Das ähnelt dem Verhalten eines Säuglings mit null Frustrationstoleranz.

Und wie viele Menschen haben selbst ihr Leben beendet, weil sie »ohne den anderen nicht mehr leben« konnten. Aus der Sicht eines Säuglings ist solches absolut verständlich, weil er ohne andere Menschen und deren Versorgung verloren ist. Aber nur aus der Sicht eines Säuglings.

Im Hinblick auf Sex kann ebenso die Null-Frustrationstoleranz eine Rolle spielen, wenn ein Paar zum Beispiel im Restaurant ist und es nicht mehr aushalten kann und sofort und auf der Stelle miteinander schlafen will, und sei es auf der Toilette. Womöglich gar unter

Missachtung jeglicher Regeln: ohne Gebrauch von Kondomen, weil man keine zur Hand hat. Oder wenn einem »alles egal ist«, der Ruf, die Karriere, womöglich mit einem Fremden eine bestehende Partnerschaft aufs Spiel gesetzt wird, weil der Erwachsene wie betäubt ist und nicht mehr wie ein Erwachsener agiert. Eben typisch für die Säuglingszeit: kein Problembewusstsein (wie sollte das auch?), keine Frustrationstoleranz: Alles muss sofort geschehen.

Verliebtheit macht, wie auch der Volksmund sagt, »blind«. Verliebte sehen nur einander und bekommen sonst fast nichts mehr mit – ähnlich wie Säuglinge nur sich selbst und die Mutter als Einheit erleben. Das verweist auf noch einen weiteren Aspekt: Beim Verliebtsein sind die Partner einander sowohl Innere Säuglinge als auch gute Mütter zugleich, jeweils füreinander. Idealer kann es gar nicht mehr werden, als dass zwei Menschen sich gegenseitig vollkommen ergänzen.

Wenn so immens schöne Gefühle – endlich wieder – auftreten, wirken diese wie ein Schlüssel, der längst verschlossene Türen neuerlich öffnet; man fühlt sich unendlich verstanden vom anderen. Man denkt sogar manchmal dieselben Gedanken, und man redet sehr viel bis in die Nächte, stundenlang, sogar tagelang. Man kann gar nicht genug bekommen von all den Übereinstimmungen; der andere ist so einzigartig und doch so vertraut! Ein Geschenk des Himmels scheint es zu sein, aber wie damit umzugehen ist, das steht jedenfalls in unserer eigenen Verantwortung.

In der Phase des Verliebtseins ist der Zugang zum eigenen Inneren Säugling endlich wieder frei. Man schwimmt in Glück, und dieses Glücksgefühl wird auch nach außen projiziert, man begegnet allen offen und freudig.

Wenn man eine solche ideale Zeit als Säugling nicht hatte – sei es, dass das Herz der Mutter zu war, sei es, dass man zum Beispiel durch einen Krankenhausaufenthalt von der Mutter getrennt wurde – so hat dennoch jeder von uns zumindest eine Ahnung, wie es damals hätte sein müssen. Und diese Ahnung erfüllt sich jetzt im Erwachsenenalter scheinbar durch die geliebte Person.

Diese Zeit der Verliebtheit ist immens wichtig, denn da zeigt sich das Potenzial, welches in dem eigenem Inneren Kind liegt und somit in einem selbst und auch in der Partnerschaft. Diese Potenziale gilt es später zu entwickeln, nämlich dann, wenn alles verloren scheint.

Der Paartherapeut Hans Jellouschek hat es einprägsam in einem Gleichnis ausgedrückt: Ein Bildhauer »sieht« das fertige Monument vor seinem inneren Auge – und muss es dann mitunter recht mühsam Stück für Stück aus dem Stein meißeln.[7] Die Verliebtheit zeigt das bereits fertige Bild vor dem inneren Auge, aber man sollte es nicht mit der schon fertigen Realität verwechseln, sondern sich an die Arbeit machen, wenn das Verliebtsein schwindet und vielleicht nicht mehr viel mehr bleibt als: »Wir hatten uns doch einmal sehr geliebt!« Dieses damalige Bild, diese gemeinsame Vision sollte das Paar sich dann wieder zum Leitbild nehmen.

In meiner Praxis sind mir gelegentlich auch Paare begegnet, die in der Anfangszeit nicht verliebt waren oder dieses nicht stark empfanden. Das kann natürlich dennoch zu einer erfüllenden Beziehung führen.

Anpassungsphase: »Sich anpassen, um passend zu bleiben« – Der Auszug aus dem Paradies

Auch von einem noch so ideal erscheinenden Partner wird man früher oder später einmal enttäuscht. Dann greift das Innere Kind auf damalige Erfahrungen zurück. Und was musste das Innere Kind meistens früher einmal lernen, wie es mit Verletzungen umgehen kann? Es macht aus Abwehr zu. Und damit bricht das ganze positive Empfinden der Verliebtheitsphase zusammen. Das Innere Kind ist wieder eingesperrt, und die Gefühle schrumpfen wieder auf das lange eingeübte Mittelmaß. Das kommt einer »Vertreibung aus dem Paradies« gleich.

Das will man natürlich nicht fühlen, und deshalb klammert man sich an die Hoffnung, mit irgendwelchen Mitteln die so schön erlebte Welt der Verliebtheit noch aufrechterhalten zu können. Beide Partner nehmen sich zurück, vielleicht bis zur Erschöpfung, funktionieren nur noch und spielen ihre Rollen. Der eine macht das beispielsweise, indem er bestimmte Bedürfnisse zurückstellt und sich anpasst. Zum Beispiel will das Innere Kind sich weiterhin mit Freunden treffen, aber eine andere innere Stimme sagt: »Ist doch nicht so wichtig!« Oder gar: »Hauptsache, der andere ist glücklich!« Das ist häufig eine elterliche Stimme, die man als Kind so von den Eltern gehört und dann tief ins Unterbewusste gesenkt hat.

Oder man traut sich nicht mehr, seine Meinung deutlich zu sagen. Aus Sehnsucht nach Harmonie spricht man Konflikte nicht an, sondern weicht lieber aus: »Die Beziehung ist mir wichtiger, als ich mir selbst wichtig bin.« Vielleicht hat man als Kind leidvolle Erfahrungen gemacht, etwa dass sich damals die Eltern verbittert stritten, und aus Sorge um den Zusammenhalt der Familie lernte man, sich selbst zurückzunehmen.

So richtet man im Verlauf der Beziehung die schon erprobten Schutzschilde aus der Kindheit erneut für das Innere Kind ein. Man igelt sich ein, um den Schmerz nicht mehr so deutlich spüren zu müssen. Verstörende und zerstörende Nebenwirkung hiervon ist jedoch, dass auch immer weniger Liebe vom Partner spürbar ist, denn auch sie durchdringt den Schutzschild nicht. So beginnt der schleichende Tod einer Beziehung.

Wenn die verdrängten Gefühle zu stark werden, treten verschiedene Symptome auf, die auf den bedrohten Zustand der Beziehung verweisen. Dieses können zum Beispiel sein:

- Auswandern in Affären: Hier erlebt sich das Innere Kind wieder geliebt. Das Spiel beginnt wieder von Neuem mit den großen Verliebtheitsgefühlen.
- Psychosomatische Reaktionen aufgrund der inneren Spannung: Zum Beispiel bringt das Innere Kind mit

Schwindelgefühlen zum Ausdruck, dass doch das derzeitige Leben »nur ein Schwindel« sei.

- Auftretende Süchte, beispielsweise stürzen sich manche zur Ablenkung in Arbeit: »Wenigstens hier erlebe ich (also mein Inneres Kind) noch Wertschätzung!«
- Symptome bei den realen Kindern des unglücklichen Paares: Denn die Kinder nehmen sehr sensibel Spannungen wahr und reagieren darauf – unterbewusst – durch Leistungsabfall in der Schule, durch Aggressivität, manchmal Stehlen und so weiter.

Das kann so lange gehen, bis man sich – häufig zunächst wegen der Kinder – Unterstützung durch eine Therapie sucht und dort auch über seine eigenen Themen spricht. Oder eines Tages fliegen die Heimlichkeiten auf. Oder es wird einem der beiden Partner einfach zu viel und es »knallt«. Dann ist die nächste Phase eingetreten.

Kampfphase: »Jetzt reicht's aber!« – Eine zweite Pubertät

Die Partner machen einander Vorwürfe, zählen sich gegenseitig die Fehler auf und beklagen, was sie alles erleiden mussten. In dieser Phase trennen sich die meisten Paare, ziehen vorschnell den traurigen Schluss: »Nun erkenne ich dein wahres Gesicht!« Denn viele Kinder konnten nicht von den Eltern lernen, wie man sich selbst konstruktiv vertreten kann. Stattdessen erlebten sie als Kinder eine »Entweder-oder«-Haltung – entweder Harmonie oder Krieg – und greifen in ihrem Erwachsenenleben unbewusst darauf zurück.

Doch das vermeintliche »wahre Gesicht« ist niemals das wahre. Sondern nur ein Gesicht unter vielen, die jeder Mensch besitzt. Es ist lediglich ein Gesicht, das man bisher beim anderen nicht hat wahrhaben wollen. Unterbewusst hat man es immer schon durchschaut, doch man wollte es aus lauter Verliebtheit nicht zulassen.

Ich habe in den vielen Jahrzehnten der Arbeit mit Paaren noch keine fünf Personen Sätze sagen hören wie: »Das hatte ich damals wirklich nicht gewusst, dass er trinkt!« Hingegen gestanden sich viele schließlich ein, was ihnen ganz zu Anfang schon klar war: »Ich hatte das schon eigentlich von Anfang an durchschaut, aber ich habe es nicht wahrhaben wollen.« Oder gar: »Ich hatte gemeint, das gibt sich im Laufe der Zeit/ich werde ihn ändern können/unsere Liebe ist stärker/…«

Nur ein Inneres Kind von etwa vier Jahren unterliegt solch grandiosen Selbstüberschätzungen. In dieser Altersstufe ist das normal – jedoch nehmen wir unbewusst aus dieser Zeit nicht nur die hilfreichen Erfahrungen mit.

Die Kampfphase ist das Gegenstück zur Verliebtheitsphase: Die Inneren Kinder fühlen sich keineswegs mehr wie von guten Eltern genährt, sondern im Gegenteil abgelehnt, vernachlässigt, verstoßen. Deswegen fühlt sich das Geschehen für die Inneren Kinder beider Partner oft wie ein Kampf ums Überleben an. Dann lässt man die in der Kindheit verdrängte Wut auf die Eltern am Partner aus, weil dieser ja das Innere Kind nicht mehr wie gute Eltern versorgt: »Meine Eltern haben mich schon nicht richtig lieb gehabt, und du liebst mich auch nicht! Das sollst du mir büßen!« Das eigentlich unterbewusste Aufbegehren gegen diese internalisierten, sogenannten Inneren Eltern wird auf dem Rücken des Partners ausgetragen, und das ist das wirklich Tragische. Aufgrund der eigenen Not gerät hier meist die Grundlage der Beziehung in Vergessenheit: die Liebe – die eigene wohlgemerkt. Man selber ist wütend oder bockig wie ein Kleinkind. Vom anderen hingegen fordern wir die Liebe ein: »Wenn er mich wirklich lieben würde, dann müsste er doch …«

In der Verliebtheitsphase öffnete sich die Abwehr für all die starken positiven Gefühle. Auch in der Kampfphase kann sich die Abwehr öffnen – allerdings in der Regel nur für negative Gefühle.

Es kann sein, dass man sich in der Phase zuvor, in der Anpassungsphase, zu sehr angeglichen hat und alle Gefühle in einem erkaltet scheinen. Dann verlassen viele ihren Partner. Vielleicht auch vorschnell, denn erkaltete Gefühle können sich manchmal durchaus wieder erwärmen.

Verhandlungsphase: »Aufstehen und sich vertreten« – Die Inneren Kinder werden erwachsen

Die meisten Paare, die in eine Paartherapie finden, sind im Übergang von der vorherigen Kampfphase zur Verhandlungsphase. Sie formulieren oft, dass sie sich eigentlich lieben, aber die Kämpfe überhandgenommen haben und sich meist um Banalitäten drehen. Viele Paare kommen in der Hoffnung, lernen zu können, wie sie wieder auf aufbauende Wege gelangen. Oder aber sie stehen schon kurz vor einer Trennung: »Eigentlich müsste ich schon längst gegangen sein, aber irgendetwas hält mich noch.« Auch eine solche Aussage kann sich noch zu einer guten Spur entwickeln. Dieses Empfinden einer Bindung trotz möglicherweise vielen Enttäuschungen ist nicht nur mit den bereits gemeinsam verbrachten Jahren und dem dadurch erfolgten Zusammenhalt zu erklären. Sondern das Unterbewusstsein von beiden ist noch nicht zu dem Ziel gekommen, das es den beiden schon in der Zeit der Verliebtheit vor Augen geführt hatte. Es gibt noch etwas zu tun; erinnern Sie sich an den oben genannten Bildhauer, der das fertige Monument schon vor seinem inneren Auge sieht, aber noch einiges an dem Steinblock zu meißeln hat.

Diese Arbeit an sich selbst sollte nun angepackt werden, und zwar nicht reaktiv, sondern aktiv: »Aufstehen und sich vertreten«, das sollte jetzt die Devise sein. Dazu muss man sich auf Neuland begeben, denn mit den alten Strategien aus Kindheit und Jungendzeit ist man ja nur bis zu dieser Stelle gekommen und hat sich festgefahren. Ein solches Nachreifen zu beispielsweise konstruktiverer Streitkultur will das Unterbewusstsein einem zeigen, damit man es zuwege bringt. Es ist faszinierend, wie das Unterbewusstsein immer wieder Wege findet, um immer mehr ein Erwachsensein auf allen Ebenen einzufordern und nicht in Bereichen der Kindheit oder Jugendzeit stehen zu bleiben.

Und so beginnt eine Paarbeziehung im Grunde hier erst richtig: nachdem die Partner in der Kampfphase ohne die verschönenden Retuschen der Verliebtheitsphase überraschend neue Gesichter des anderen kennengelernt haben und darüber in schöpferische Gespräche miteinander kommen.

Man stellt sich also nun gegenüber und verhandelt sachlich. So sind die beiden Betroffenen zwar nicht mehr Gegner, aber stehen einander noch »gegen-über«. Es wird ein Ausweg gesucht, oft ein Mittelweg. Das sind erste Schritte, die zum Guten führen können, manchmal aber bei unhaltbaren Kompromissen enden. Dann ist man schnell wieder in der Anpassungsphase »um des lieben Friedens willen ...« oder im Kampf: »Du hast dich ja nicht an die Abmachungen gehalten, also muss ich das auch nicht!« Wir brauchten nur noch ein »Bäh!!« hinzuzufügen, um ein Inneres Kind in O-Ton zu hören.

Wachstum und Reife setzen aber erst dann wieder ein, wenn beide Partner zurück zur Liebe finden. Im Laufe der Jahre wird die Liebe immer unabhängiger von den jeweiligen Reaktionen des anderen. Sie wird beständiger und erwachsener. Damit ist eine weitere Phase unterscheidbar.

Reife Phase: »Sich verbünden, um gemeinsam das Leben zu kreieren« – Mündiges Erwachsenenalter

Das Paar kann den Ausweg auf einer höheren Ebene suchen und durch die Verbundenheit in Liebe als Ausgangspunkt auch finden. Stand es sich bisher noch mit zwei verschiedenen Standpunkten gegenüber und vertrat jeder nur sich selbst, so steht es nun mehr und mehr nebeneinander auf einer gemeinsamen Basis. Beide Partner suchen also von ganzem Herzen gemeinsam eine Lösung, beide denken und fühlen sich auch in den anderen ein.

Das ist dann nicht mehr kindhafte Liebe nach dem unterbewussten Sehnen und dem Handel: »Wenn du mein Inneres Kind liebst und versorgst, dann tue ich das auch mit deinem.« Sondern eine erwachsene Liebe öffnet beiden Partnern mögliche Wege. In dieser Liebe hat jeder von beiden inzwischen gelernt, sein eigenes Inneres Kind zu versorgen. Es ist eine Liebe ohne gegenseitige Abhängigkeiten.

Zu dieser Haltung begleite ich Paare in meiner Paartherapie, indem ich zunächst die Verletzungen aus ihrer

Kindheit herausarbeite und sie dann zu folgender Imagination einlade: »Was erlebten Sie am Anfang der Paarbeziehung, in der Verliebtheitsphase?« – Die Partner antworten in der Regel, dass diese Zeit einzigartig gewesen sei. Man habe sich etwa in nächtelangen Gesprächen sehr verstanden gefühlt, und der Sex war einfach großartig.

Und dann lasse ich sie nachspüren: »Wenn Sie sich vorstellen, dass Sie alle eben besprochenen Verletzungen der Kindheit aus Ihrer Paarbeziehung heraushalten könnten – was wäre dann?« Die Partner antworten darauf entweder, dass sie sich dies nicht vorstellen können (weil sie sich inzwischen über die eingenommene Rolle definiert haben) oder dass das die Lösung für die meisten ihrer Probleme wäre. Im letzteren Fall haben sie eine Motivation, Verantwortung für ihr Inneres Kind und dessen Gefühle zu übernehmen.

Diese reife Liebe ist schwer zu beschreiben. Vielleicht kann man sie am besten in bestimmten Situationen wahrnehmen, beispielsweise wenn man erkennt, dass es sich schal anfühlt, seiner Wut freien Lauf zu lassen. Man spürt plötzlich, dass man nicht nur den Partner verletzt, sondern auch sich selbst – weil man die gemeinsame Liebe verletzt. Man merkt vielleicht, dass man eher von sich wegkommt als zu sich hin. Und man erlebt, dass man eher in Übereinstimmung mit sich selbst lebt, wenn man wieder die Liebe wählt. Wohlgemerkt: Dies geschieht nicht aus Berechnung oder Zwang, sondern man verspürt es selber.

Nur in einer reifen Liebe kann man einander auch in

der Entwicklung unterstützen, also zum Beispiel den anderen darauf aufmerksam machen, wenn dieser sich unangemessen kindhaft verhält. Dieses geschieht nun mit Liebe, nur konstruktiv. In einer Kampfphase wäre so ein Hinweis natürlich Sprengstoff.

Diese reifste Form der Beziehung braucht eine jahrelange Entwicklung. Und sie wird glücklicherweise nie wirklich erreicht sein, sondern es gibt immer weitere Reifeschritte, die sich in der Beziehung immer wieder wie von selbst ergeben. Denn die Partner haben inzwischen gelernt, auf die Impulse der gemeinsamen Liebe zu achten.

In allen Phasen der Beziehung ist ausgiebige »Pflege« notwendig, insbesondere ist es notwendig, stets den Austausch miteinander zu pflegen, möglichst so wie früher, als man frisch verliebt war. Dann kann das Paar auch schwere Phasen überstehen. Und in solchen Gesprächen geht es natürlich nicht um Finanzen und Kindererziehung, sondern um den Austausch von Herz zu Herz. Im Anhang habe ich dazu Übungen aufgeführt, die gut in den Paaralltag einzufügen sind und dann auch in schwierigen Zeiten hilfreich sein können.

Selbstreflexion: Eine Standortbestimmung in Ihrer Partnerschaft

In eine Therapie kommen die meisten Paare, weil sie in der Kampfphase stecken. Da kann es ihnen Hoffnung machen, wenn sie erfahren: Es gibt noch mehr als Kampf oder Kompromisse. Ich bitte die Partner meist, zunächst einmal eine momentane Standortbestimmung vorzunehmen. Sie können diese Selbstreflexion jetzt gleich für sich und Ihre Beziehung nachvollziehen. Es geht ganz einfach und schnell und sollte zunächst von jedem alleine gemacht werden.

Jeder Partner zeichnet einen Kreis auf ein Blatt Papier. Dann trägt er intuitiv, also ohne viel nachzudenken, die fünf beschriebenen Phasen der Paarbeziehung als Tortenstücke ein: Die Größen der Tortenstücke zeigen, wie viel Prozent der Paarbeziehung auf jede der fünf Phasen momentan gefühlt entfallen. Dabei sollen die einzelnen Bereiche der Paarbeziehung wie Freizeit, Zärtlichkeiten, Sex, Hobbys, Kinder, Beruf, Hausarbeit zusammengefasst berücksichtig werden. Die Summe der Themenbereiche addiert sich auf 100 Prozent.

Sehen Sie das folgende Beispiel:

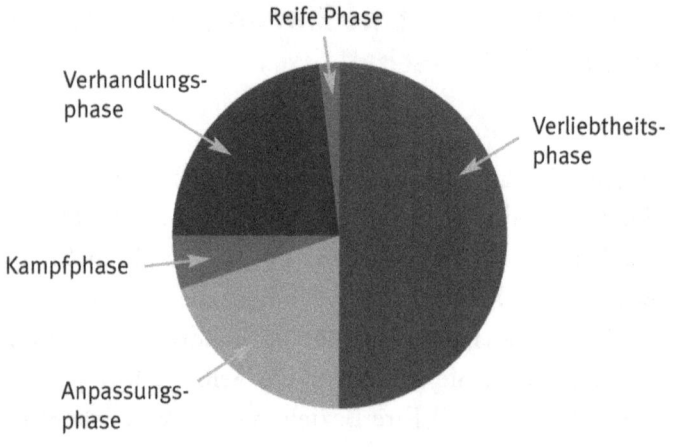

Eva ist momentan sehr verliebt, also zeichnet sie für die Verliebtheitsphase gleich die Hälfte der Torte ein: 50 Prozent. Andererseits will sie (noch) nicht zugeben, dass sie auch mal gern ab und zu allein sein will, zum Beispiel um mit ihren Freundinnen zusammen zu sein oder um alleine fernzusehen. Also: Anpassungsphase 20 Prozent. Kämpfe kommen nur ganz selten vor: 5 Prozent. Aber wenn es mal was zu klären gibt, dann sind Eva und ihr Partner sich schnell einig: 23 Prozent gibt sie der Verhandlungsphase. Die reife Phase hingegen hat sie nicht so recht interessiert, darum ist dies ein schmales Tortenstück von 2 Prozent.

In meiner Praxis vergleichen anschließend die Partner ihre Werte und sprechen darüber. Vielleicht ist Ihnen ein solches Gespräch mit Ihrem Partner auch möglich. Allein dieser Austausch kann schon zu tieferer Partnerschaft führen, besonders wenn man bei hohen Werten bei der Anpassungs- oder der Kampfphase offen die Hintergründe erläutert. Sie beide könnten sich dann auch auf die Suche nach eventuellen Brüchen begeben, also ab wann und wodurch die Zahlenverhältnisse verschoben wurden.

Macht man sich dann bereitwillig und offenherzig bewusst, dass man noch viele Schritte auf dem Weg zur reifen Liebe gehen kann, dann stellen sich die Partner meist folgerichtig diese Frage: »Was wäre jetzt für uns beide der erste Schritt auf dieses Ziel hin?« Das ist oft der Anfang eines lohnenden Wegs – mit den Inneren Kindern.

Wie wir uns verlieben

Das Unterbewusstsein, unsere Inneren Kinder steuern auch, welche Menschen wir sympathisch finden und welche nicht, zu welchen Menschen wir spontane Ab- oder Zuneigung hegen und besonders, in welche Menschen wir uns verlieben oder welche Menschen wir gar nicht wahrnehmen: »Den mag ich! Den finde ich einfach nur süß!« Oder: »Der kann mir gestohlen bleiben!« Das wird alles in Bruchteilen von Sekunden entschieden. Im Folgenden führe ich wesentliche Kriterien auf, die dabei eine Rolle spielen.

»Gegensätze ziehen sich an«

Gegensätzlichkeit kann begeistern, nicht zuletzt auch auf der unbewussten Ebene, nämlich weil die Inneren Kinder des anderen anders sind. Das macht die Faszination aus, vor allem, wenn durch den anderen und dessen Anderssein Eigenschaften in einem selbst zutage gefördert werden, von denen man nicht wusste, dass man sie überhaupt hatte.

Je größer die Gegensätze sind, desto größer kann die Faszination beim Verlieben werden. Denn wie man selber ist, das weiß man ja. Die Andersartigkeit ist für Paare besonders attraktiv, weil der andere in einem wie bei einem Musikinstrument eine Saite zum Schwingen bringt. Diese Saite ist bereits in einem selbst vorhanden, aber der andere ist es, der sie so wunderbar zum Klingen bringt.

Die Psychen wollen sich entwickeln, und dabei sind Anstöße von außen hilfreich, also von Menschen, die anders sind als man selbst.

Viele Paare empfinden das Erleben des Gegensatzes von männlich – weiblich als das größte Geschenk, das Paare sich machen können. Um dieses näher erklären zu können, habe ich diesen Gegensatz weiter unten in einem gesonderten Kapitel beschrieben.

»Gleich und gleich gesellt sich gern«

Auch dieses Sprichwort spricht einen Aspekt an, der beim Verlieben eine große Rolle spielt. Stammen die Partner aus einem ähnlichen Milieu oder haben sie ähnliche ethnische Wurzeln, mag manches in einer Paarbeziehung leichterfallen. Nach diesem Prinzip arbeiten die Partnervermittlungen. Jedoch wird auf einer tieferen Ebene immer von den Inneren Kindern entschieden, ob sie sich tatsächlich verlieben. Die Fragen »Wie passt der andere in meine Biografie?« und »Wie passt er zu den Wunden meiner Biografie?« werden unterbewusst bestimmt.

Sowohl das Motiv der Gegensätzlichkeit als auch das der Gleichheit wirken sich aus. Das ist vielleicht erst mal erstaunlich, aber beiden Kriterien ist gemeinsam, dass unser Unterbewusstsein uns zur Entfaltung drängen will: zur Entfaltung der für uns so anziehenden Eigenschaften beim anderen, die in uns selber nicht entwickelt wurden, und zur Entwicklung bezüglich der Wunden der eigenen Biografie. Hier greift nämlich eine Eigenheit des Unterbewusstseins, die Sigmund Freud »Wiederholungszwang« genannt hat.

Das Unterbewusstsein ist mit einer Art unablässiger Wiedervorlage ausgestattet. Immer und immer wieder inszenieren also die Inneren Kinder die gleichen Themen, die schon in der Kindheit nicht bewältigt worden waren, vielleicht sogar traumatisch waren, nach immer den gleichen Mustern. Und diese an zu Hause erinnernde Konstellation wird vom Inneren Kind gesucht: »Das ist ja wie damals!«, als es sich heimisch fühlte.

Tückisch daran ist: Was nicht so ganz passt, wird vom Unterbewusstsein passend gemacht. Man lebt ja nicht mehr in der Kindheit, aber durch den Wiederholungszwang kommt es einem so vor. Deshalb streiten sich Paare wie damals als Kinder im Sandkasten und »werfen mit Sand«, um das Beispiel ganz am Anfang aufzugreifen, oder mit verletzenden Worten oder gar mit Untertassen.

Beide Partner berühren also – unterbewusst – die Kindheitswunden des anderen. Dadurch bekommt man einen Anstoß, diese Wunden zu heilen. Und manchmal braucht es dazu recht viele Anstöße, bis man endlich seine Lebensthemen aufgreift, ihnen nach-

geht und sie nicht weiter unbewusst mit sich herum-
trägt.

Ein Beispiel aus meiner Praxis zum Thema »Gegensätze«: Ein Mann hatte sich in eine Frau verliebt, weil er
ihr Temperament so anziehend fand. Die Frau ihrerseits schätzte seine Gelassenheit und Ruhe. Nach einigen Jahren aber gab es immer häufiger heftige Streits.
Der Mann konnte – wie viele Männer – keine Gefühle
zeigen, besonders keine liebevollen Gefühle, weder gegenüber seiner Frau noch gegenüber seinen inzwischen
geborenen Kindern. Die sehr temperamentvolle Frau
regte das auf. Sie konnte ihre Gefühle unverhohlen ausdrücken, schließlich »gab es Feuerwerk«, wie sie sagte.

Wir können das so verstehen: Die Psychen von beiden wollen jeweils vom anderen lernen. Nicht, um genauso zu werden wie der andere, wohl aber ein Stück
weit. Geht so ein Lernen für die Psyche nicht weit genug, werden sich die Partner immer mehr polarisieren,
bis das einst am anderen so Faszinierende zum Zankap-
fel wird.

Denn was man bisher – warum auch immer – selbst
nicht lebte, das wird man über kurz oder lang auch
beim anderen ablehnen. Und das kann für beide
schmerzhaft werden, vor allem, wenn die Unterschiede
sehr groß sind.

Ein Beispiel zum Thema »Kindheitswunden«: Eine
Frau sehnte sich sehr danach, einmal mit einem Mann
eine Familie zu haben. Aber sie hatte von Mutter und
Oma mitbekommen: »Vertrau keinem Mann!« So ist es

ja schwierig mit einer Familiengründung, und das war es auch für diese Frau. Da musste sie ja immer an einen »Falschen« geraten, der ihr immer wieder bestätigt: »Männern kann man nicht trauen.«

An diesem Beispiel wird deutlich: Wenn wir die Brille unserer Eltern aufhaben, können wir nur entsprechende Menschen sehen, die in dieses Schema passen. Sigmund Freuds Wiederholungszwang lässt grüßen.

Liebe auf den ersten Blick

Amors Pfeil trifft plötzlich, völlig überraschend, sozusagen im Vorbeigehen. Eine Begegnung mit einem bis dahin Fremden verändert das ganze Leben. So etwas kann geschehen; ich höre in meiner Praxis recht häufig Sätze wie: »Als ich sie zum ersten Mal sah, wusste ich: Das ist die Frau meines Lebens!« oder »Wir sind füreinander bestimmt! Das alles kann doch kein Zufall sein!«

Ist es Zufall? Nun, das Unterbewusstsein spielt bei der Partnerwahl eine große Rolle, und für seine bisweilen bemerkenswerte Schnelligkeit bei der Auswahl eines Partners spricht folgende Begebenheit: Einmal kam eine Frau mit traurigem familiären Hintergrund zu mir. Der Vater war Alkoholiker, der seine Frau und seine Kinder im Rausch immer wieder geschlagen hat. Sie hatte als Erwachsene hintereinander mehrere Partner, die Alkoholiker waren. Diesen Wiederholungszwang »löste« sie, indem sie sich sagte »Keinen Mann mehr!« und sich auch daran hielt. Eines schönen Tages sonnte sie sich auf einer Parkbank, als ein Radfahrer vorbei fuhr. Er ging in die Bremsen, kehrte zu ihr zurück und sagte: »Hallo! Dich möchte ich gern kennenlernen!« Sie lernten sich kennen – und was musste die Frau nach vier Monaten feststellen? Er war Alkoholiker.

Wie ein Wiederholungszwang entsteht, ist wissenschaftlich noch nicht geklärt. Vielleicht sondern wir einen bestimmten Geruch ab, der unterbewusst vom anderen aufgefangen wird? Wer weiß; einige Insekten wittern sich ja über mehrere Kilometer Entfernung.

Unser Unterbewusstsein mischt bei der Partnerwahl also immer mit. Die Inneren Kinder finden nach der – unterbewussten – Prüfung »Passt dieser Mensch zu meiner Biografie?« zueinander. Wenn ja, dann hat Amors Pfeil ins Schwarze getroffen.

Eric Berne beschrieb das so, dass jeder Mensch mit einer Art von unsichtbarem Schild vor der Brust herumläuft, auf dem seine Lebensmottos stehen,[8] also Angaben, wie sich das Innere Kind die Welt, die anderen Menschen und sich selbst vorstellt. In dem Fall der Frau auf der Parkbank würde da also gewissermaßen stehen: »Ich kümmere mich um Alkoholiker! Kommt zu mir!«

In einer Einzeltherapie beschrieb das ein Klient aus seinem eigenen Erleben: »Meine erste Partnerin war ähnlich wie meine Mutter: streng und kühl. Meine zweite Partnerin war genau das Gegenteil von Mutter, sie ließ sich alles gefallen, war viel zu lieb und viel zu anhänglich.« Es fällt auf, dass er nach wie vor bei seiner Mutter hängen blieb. Und demzufolge hieß sein Thema: »Ich fühle mich ähnlich wie damals als Kind«, nämlich wie bei seiner Mutter. Doch irgendwann hatte sein Inneres Kind anscheinend genug von der strengen und kühlen Mutter, wollte eine »bessere« und wählte die zweite Partnerin. Seine Situation wurde allerdings schlimmer, weil das Innere Kind ihm beziehungsweise er sich eine Partnerin aussuchte, die »genau das Gegenteil« von seinem unterbewussten Vorbild der Mutter war. Aber die war auf Dauer »zu langweilig«. Denn welcher erwachsene Mann wünscht sich auf Dauer eine Frau an seiner Seite, die »sich alles gefallen« lässt und »viel zu anhänglich« ist?

Das Innere Kind war nach wie vor in der Wiederholung, nur in einer Umkehrung. Und das brachte den erwachsenen Mann zunächst in Ärger über seine Frau, dann ins Nachdenken über sich selbst und schließlich in die Therapie zu mir. Da machte er die ersten Schritte heraus aus den endlosen Wiederholungen. – Übrigens hatten die Frauen ihrerseits natürlich auch Kindheitserfahrungen mit ihm reproduziert.

Der Wiederholungszwang erklärt auch, warum viele Frauen immer wieder zu ihren Männern zurückkehren, obwohl sie von ihnen misshandelt werden: Als Kind hatten sie ähnliche Erfahrungen mit den Vätern gemacht. Ihr Inneres Kind fühlt sich »heimisch«. Oftmals verlassen diese Frauen ihre Peiniger, kehren jedoch nach kurzer Zeit wieder zu ihnen zurück. Darauf reagiert das Umfeld häufig mit Entsetzen und Unverständnis. »Aber ich liebe ihn doch so!« ist die gängige Erklärung jener Frauen für ihr Verhalten.

Und solche Liebe sollte man nicht so schnell abtun, vielmehr verstehen: Es ist durchaus Liebe, jedoch eher die Liebe eines sehr kleinen Kindes oder Säuglings, wie oben im Abschnitt zur Verliebtheitsphase ausgeführt wurde.

Etwas allgemeiner kann man sagen: Wenn sich jemand sehr schwer tut, sich aus einer zerstörten oder zerstörenden Beziehung zu lösen, hat dies mit hoher Wahrscheinlichkeit mit den Eltern beziehungsweise dem Erleben als kleines Kind zu tun. Ein Kind wäre ja buchstäblich verloren ohne die Eltern. Und das Innere Kind bekommt Angst vor einer vielleicht anstehenden Trennung von einem nicht mehr geliebten Partner, weil es den vielleicht nur aus der Position eines Innere Kindes und nicht aus der Position des Erwachsenen sieht.

Wiederholungen kommen in allen Beziehungen vor: Mit dem Chef auf der Arbeit könnte man etwa ebensolche Autoritätsprobleme bekommen wie mit seinem Vater damals. Wenn man umzieht, treten vielleicht ähnliche Phasen wie oben beschrieben auf: Erst ist man mit der neuen Nachbarschaft ein Herz und eine Seele (ähnlich der Verliebtheitsphase), aber nach einiger Zeit kommt es zu Unstimmigkeiten oder gar Feindschaften (Kampfphase). In Paarbeziehungen sind diese Phasen oft deutlich zu erkennen, weil man sich in Paarbeziehungen in der Regel innerlich näher ist.

Aber man wiederholt nicht unbedingt mit jedem Partner dieselben Kindheitsgeschichten. Es kann durchaus sein, dass mit wechselnden Partnern auch wechselnde Themen wiederholt werden. Er werden aber immer Themen aus der Kindheit oder Jugendzeit sein.

Manchmal gönnt einem das Unterbewusstsein auch eine Erholungspause vom Wiederholungszwang. Ich selber konnte öfter miterleben, dass es bei Klienten in der ersten längeren Paarbeziehung ziemlich hoch herging, weil da das Unterbewusstsein unglücklich gelaufene Themen der Kindheit wiederholte. Sofern man nicht weit genug in der Liebe reifte und die Partner sich trennten, konnte es durchaus vorkommen, dass es in einer nächsten Beziehung eine Art Ruhepause von solchen Themen gab, manchmal sogar über viele Jahre. Doch dann kamen die alten Kindheitsthemen wieder zum Vorschein, vielleicht wenn die Eltern pflegebedürftig wurden oder starben. Oder weil ein Partner eine weitere Beziehung einging, und in dieser wurde es nach der Verliebtheitsphase wieder sehr schwierig, weil die Partner einander neue Themen aus der Kindheit anrühren. Aber beide sagten: »Ich hatte noch nie vorher so tief empfunden für einen Menschen!« Denn sie hatten in den Beziehungen dazugelernt, waren gereift in der Tiefe der Liebesfähigkeit. Und sie wollten verständlicherweise diese wertvolle Beziehung retten.

Je tiefer eine Beziehung gehen darf, desto mehr Themen werden auch in der Tiefe angerührt, insbesondere die Themen der ersten Lebensjahre wie Urvertrauen, Geborgenheit, Nähe und Distanz.

Eifersucht: Eine Nebenwirkung beim Verlieben?

In der Verliebtheitsphase tritt häufig Eifersucht auf. Der Geliebte ist für einen alles, und wenn er nur ein wenig Aufmerksamkeit an anderes oder andere abgibt (beispielsweise an den Beruf, an seine Kinder aus einer vorigen Beziehung), dann kann der Verliebte beziehungsweise dessen Innerer Säugling sehr unruhig oder auch ängstlich werden.

Eifersucht kann bei manchen Menschen aber auch ein Grundthema sein. Vielleicht hat man bereits schlechte Erfahrungen mit untreuen Partnern hinter sich und so einen Grund für die Eifersucht – wenngleich der neue Partner vielleicht auch treu ist. Dann steht auch hier das Wiederholungsthema im Raum; mit hoher Wahrscheinlichkeit wiederholt das Innere Kind alte Erfahrungen: Meistens entsteht erneut eine Verlassenheitsangst, weil man in der Kindheit entsprechende Erlebnisse hatte. Sei es, dass die Eltern sich trennten oder ein Elternteil früh starb, sei es, dass man sich sehr verlassen vorkam, weil man zum Beispiel sehr früh und häufig wegen einer Krankheit im Krankenhaus sein musste. Manchmal kommt – unterbewusst natürlich – auch eine Eifersucht auf ein Geschwisterkind wieder auf, das vermeintlich oder tatsächlich von den Eltern bevorzugt worden ist. Vor allem Erstgeborene tun sich manchmal schwer damit, dass ein neues Kind umsorgt wird und es die Zeit und Aufmerksamkeit der Mutter teilen muss. Solche Gefühle können viele Jahre später wieder aufbrechen.

Oder man hat eine elterliche Stimme im Ohr, zum Beispiel »Männer können nicht anders, die müssen einfach fremdgehen!«, oder man hat als Kind bei den Eltern miterlebt, dass ein Elternteil untreu war, und die Folgen mitbekommen. Diesem Vorbild folgt man möglicherweise, natürlich gänzlich unterbewusst, indem man selbst fremdgeht oder übertrieben eifersüchtig ist.

Solches Geschehen soll keineswegs verharmlost werden nach dem Schluss: »Er kann ja nichts dafür, er hatte eine schwierige Kindheit!«, sondern die unterbewussten Vorgänge sollen ins Bewusstsein gebracht werden, damit der Erwachsene seine Verantwortung übernehmen kann.

Die Inneren Kinder und unsere Konflikte

Wie kann es sein, dass man mit dem Menschen, den man eigentlich am liebsten mag, immer wieder in Streit gerät? Es ist nur natürlich, dass der geliebte Mensch so wichtig ist – bewusst und unterbewusst in den Augen des Inneren Kindes –, dass man sehr viel Wert darauf legt, für den Liebsten der beste, tollste, bewundernswerteste Mensch zu sein. In der Verliebheitsphase wird das ja auch genau so erlebt, doch bei geringsten Störungen kann es sein, dass der Innere Säugling seine Bedürfnisse anmeldet, beispielsweise wenn die gewohnte Zuwendung nur kurze Zeit nicht gegeben wird. Dann kann das eben noch liebevolle Gespräch urplötzlich in Streit umkippen.

Und zu mir in die Praxis kommen natürlich meistens Paare, die sich bereits in solchen Streitsituationen festgefahren haben. Sie suchen selten schon am Beginn der Kampfphase Unterstützung, sondern oft erst, wenn schon viel Porzellan zerschlagen wurde.

Dazu ein Beispiel aus einem typischen Erstgespräch. Der Mann beginnt: »Sie ist die tollste Frau der Welt.« Und nur ein wenig später stellt er klar: »Ich habe die Schnauze voll, ich gehe!« Die Frau meint anfangs: »Ich habe bei ihm totale Sicherheit, totales Vertrauen!« und stellt genau das kurz darauf infrage.

Die Ausdrucksweise »tollste Frau«, »Schnauze voll«,

»totale Sicherheit, Vertrauen« ist bezeichnenderweise typisch kindhaft. Denn in den klassischen schier endlosen Auseinandersetzungen streiten ja letztlich die Inneren Kinder miteinander, nicht die Erwachsenen, die äußerlich den Streit austragen. Auch die in Wortgefechten so oft eingesetzten Verabsolutierungen und Verallgemeinerungen wie »Immer machst du ....«, »Nie kann ich ....« gehören an sich eher in die Welt von Kindern als von Erwachsenen.

Weil die Inneren Kinder in den Beziehungsstreits involviert sind, sind solche Kämpfe oft so irrational. Manchmal scheint es, als ginge es ums nackte Überleben: »Du oder ich!« Aus der Sicht eines kleinen Kindes oder gar Säuglings geht es ja auch genau darum: Es kann ohne den anderen nicht leben. Auf den ersten Blick ist es zwar widersprüchlich, dass der eine den anderen, den er lebensnotwenig braucht, manchmal geradezu vernichten will: Dann wäre das Innere Kind ja ganz alleine. Aber in Kampfsituationen werden die Partner dennoch zu Gegnern, weil sie – unterbewusst – im Gegenüber jeweils den bösen Vater oder die hartherzige Mutter oder ein konkurrierendes Geschwisterkind aus einer lebenswichtigen Situation der Kindheit sehen und sie sich dagegen endlich mal wehren können. Das sind die »Horrorkabinette« der jeweils eigenen Kindheit, in die beide unterbewusst wieder hineingehen. Dabei wollte ursprünglich vielleicht jeder nur dem anderen mitteilen, wie verzweifelt er gerade über die derzeit schieflaufende Kommunikation ist.

Paare können sich in solchen Momenten über alles

streiten, über das berühmte »Haar in der Suppe«, über kleinste Banalitäten, und ein, zwei wütende Sätze können ein Paar in tiefen Streit führen. Wenn die Partner dabei wie auf Knopfdruck reagieren, ist das das deutlichste Zeichen, dass die Inneren Kinder die Oberhand in der Kommunikation haben und die Erwachsenen nur im Äußeren agieren. Wenn diese jedoch nach einiger Zeit wieder zu sich kommen und die Regie wieder übernehmen, dann wird solches Streiten um Kleinigkeiten vielleicht sogar von den Paaren selbst als »amüsant« bezeichnet. Die erwachsenen Anteile brauchen dafür jedoch immer etwas Zeit. Deswegen fühlt man sich in solchen Streits auch oft wie »neben sich« oder »wie von Sinnen«: Die Erwachsenen sind in gewissem Sinn überwiegend oder gar nicht mehr anwesend.

In solchen Streitsituationen muss jeder der Beteiligten erst für sich selbst sorgen. Wir alle haben sicherlich genügend Erfahrung, um zu wissen, dass es nur ganz selten klappt, sich gemeinsam wieder aus der Situation herauszubringen. Allenfalls sehr erfahrene Paare im reifen Erwachsenenalter können sich einander stabilisieren. Deshalb sei an dieser Stelle Paaren vorsorglich die Notbremse empfohlen:

1. Die Partner vereinbaren ein prägnantes Codewort. »Halt!« oder »Stopp!« ist nicht eindeutig genug, da solche Worte auch sonst im Gespräch fallen können. Klarer ist zum Beispiel »Notbremse«.
2. Wenn einer der beiden Partner den Eindruck hat,

dass ein Gespräch in Gefahr kommt, destruktiv zu werden, sollte er diese Notbremse ziehen und das Codewort aussprechen.

3. Wenn das Codewort fällt, muss jeder sofort den Mund zumachen,

4. müssen sich beide räumlich trennen,

5. um sich allein wieder zu sammeln, zu stabilisieren und den Erwachsenen wieder die Verantwortung übernehmen zu lassen.

6. Derjenige, der das Codewort ausgesprochen hatte, ist verpflichtet, binnen 24 Stunden das Thema wieder anzuschneiden. Falls einer von beiden der Meinung ist, das Thema sei noch zu heiß, wird verabredet, wann es wieder angesprochen werden soll. Wenn das Paar in einer Paartherapie ist, kann es sich darauf einigen, das Geschehen zu Beginn der nächsten Paartherapiesitzung anzusprechen. – Dieses Vorgehen stellt sicher, dass kein Thema unter den berühmt-berüchtigten Teppich gekehrt wird.

Selbstreflexion zum Streitverhalten

Im Streit geschieht viel, was man gar nicht will und später bereut; es »passierte einfach so«. Wenn Sie und Ihr Partner sich über Ihr Streitverhalten im Klaren sind, können Sie es gezielt ändern. Anhand der folgenden Tabelle können Sie Ihren typischen Verhaltensweisen auf die Spur kommen. Am besten füllen Sie und Ihr

Partner die Tabelle jeweils allein für sich aus. Anschließend können Sie Ihre Erkenntnisse besprechen.

Gehen Sie zuerst dieser Frage nach: Welche der folgenden Verhaltensweisen benutzen Sie typischerweise gegenüber dem Partner, der Partnerin? Bitte machen Sie
bei zutreffenden Verhaltensweisen in der Spalte »ICH«
ein Kreuz.

Danach prüfen Sie: Welche Verhaltensweisen kennen
Sie – aus heutiger Sicht – von den Eltern oder damaligen Bezugspersonen wie Oma, Opa, Onkel, großer
Bruder, Schwester? Bei Verhaltensweisen, die die Bezugspersonen untereinander oder Ihnen gegenüber
oder gegenüber Ihren Geschwistern gezeigt haben, setzen Sie bitte in der Spalte »EL« ein Kreuz.

Verhaltensweise	ICH	EL
körperliche Gewalt anwenden		
verbale Gewalt, psychische Gewalt anwenden		
emotional erpressen *(subtile Andeu-tungen)*		
beschuldigen *(»Du hast doch …!«)*		
rationalisieren, verallgemeinern *(»Man macht so etwas nicht!«)*		
Gegenklagen halten *(»Das musst du mir gerade sagen, du machst doch dasselbe!«)*		

Verhaltensweise	ICH	EL
Gedanken lesen (»Ach, das schon wieder! Ich weiß doch, dass ...!«)		
Stereotypen benutzen (»Typisch Frau!« – »Typisch Mann!«)		
übertreiben (»Dein Fahrstil ist wie der einer narkotisierten Schnecke!«)		
Psychoanalyse betreiben (»Das machst du nur, weil deine Eltern ...!«)		
sarkastisch sein (»Das ist ja nett wie immer: ...!«), fluchen		
Dauerreden halten		
moralisieren (»Das hast du jetzt davon!«)		
aufrechnen, Retourkutsche geben (»Du machst doch genau dasselbe!«)		
niederschreien (um den anderen niederzumachen)		
Scheinfragen stellen (»Findest du dein Verhalten richtig?«)		
(ultimative) Drohungen aussprechen (»Wenn ... dann verlasse ich dich!«)		
verletzende Andeutungen machen (»Damals war doch auch schon mal so was ...«)		

Verhaltensweise	ICH	EL
ablenken, das Thema wechseln		
abblocken		
Witze, Späße machen, auch bei ernsten Themen		
wichtige Grenzen des anderen ignorieren *(weiterreden trotz Bitte um Pause)*		
den Partner in Gegenwart anderer herabsetzen oder kritisieren		
sehr persönliche oder intime Dinge als Anklage oder Waffe benutzen		
immer dasselbe vergessen *(= passive Rebellion)*		
aufschieben *(»Jaja ...«)*		
bestrafen durch Schmollen oder Schweigen		
weinen *(als unbewusste Strategie: »Ich Armer!« und/oder Anklage: »Du bringst mich zum Weinen!«)*		
Pokerface machen, grinsen *(= Abschirmung)*		
mit Krankheit tyrannisieren		

Verhaltensweise	ICH	EL
Bündnispartner aufführen *(konkret oder als Behauptung: »Das sage nicht nur ich!«)*		
Schuld einfach übernehmen *(um das Thema damit zu beenden, also zur Klärungsvermeidung, zum Beispiel: »Ja, ich bin an allem schuld!«)*		
resignieren *(= Zuspitzung von »Schuld übernehmen«: »Ich bin halt beziehungs-unfähig!«)*		
scheinbar verständnisvoll sein		
weggehen, den Raum verlassen *(mit Türen knallen, also kämpferisch)*		
bagatellisieren *(»Komm, Baby! Was wollen wir uns über so was aufregen!«)*		
schweigen *(damit es emotionales Aus-hungern des anderen bewirkt)*		
dem anderen ein schlechtes Gewissen »machen«		
den anderen ignorieren		

Viele Paare kamen in meiner Praxis über diese Fragen zu der Erkenntnis, dass sie ihre damaligen Vorbilder kopiert, ja sogar fast 1:1 deren Verhaltensweisen in Auseinandersetzungen übernommen haben. Aber das ist nicht immer so. Manchmal ist das eigene aktuelle Streitverhalten fast gegensätzlich zu dem, was eine Person als Kind bei den Eltern erfahren hat. Dies ist damit erklärbar, dass Menschen, die in einer destruktiven Streitkultur aufwuchsen, es oft besser machen wollen als die Eltern, sich also bewusst anders verhalten – aber auf diese Weise noch nicht unbedingt konstruktives Streiten an den Tag legen, da sie es ja nicht gelernt haben.

Ich habe in der Paartherapie oft solche Selbstvorwürfe gehört: »Ich wollte es besser machen als meine Eltern, aber mittlerweile mache ich genau dasselbe!« Wir alle haben eben schon damals, als wir noch Kind waren, ein grundlegendes Partnerschaftstraining absolviert. Und in den ersten sechs bis sieben Lebensjahren senkt sich unser Erleben tief in das Unterbewusstsein, und zwar unzensiert als absolute Wahrheit: »So ist das mit dem Leben. So ist das mit anderen Menschen. So ist das mit mir selber.«

Durch diese Selbstreflexion können Sie und Ihr Partner auch feststellen, inwiefern Sie besonders empfindsam sind. Wenn ein Partner beispielsweise zur Strategie »Ignorieren« greift und der andere das schon aus seiner Kindheit von seinen Eltern kennt, könnte dieser äußerst empfindlich reagieren, zum Beispiel mit übermäßigem Schmerz, mit Angst oder mit Wut, je nachdem, was das Innere Kind damals erleiden musste und was entsprechend aktuell wieder zutage tritt. Wenn Sie und Ihr Partner im Austausch über Ihr Streitverhalten solche Zusammenhänge erkennen, werden unterbewusste Verletzungen seltener passieren.

Ein Modell zur Veranschaulichung: Das Drama-Dreieck

Eine wesentliche Erfüllung menschlichen Sehnens und ebenso die Erfüllung jeder Paarbeziehung liegt in echter, wahrhaftiger Begegnung. Um Konflikte zu durchschauen, die solche Begegnungen vereiteln könnten, liefert das sogenannte Drama-Dreieck ein griffiges Schema. Es stammt aus der Transaktionsanalyse und wurde von Stephen Karpman entwickelt.[9]

Dramatische Kommunikation: ein Beispiel

A: »Schatz, wo ist mein Hausschlüssel?«

B: »Weiß nicht, aber ich suche mal.«

A: »Immer ist der weg!«

B: »Ach, den finden wir schon wieder!«

A: »Nein, dauernd muss man hier was suchen!«

B: »Sag mal, spinnst du? Du verklüngelst doch auch immer *meine* Sachen?!«

A: »Nun hör bloß auf! Neulich hast du doch ...«

B: »Jetzt will ich dir aber mal was erzählen! ...«

Und so weiter, und so weiter. Bis schließlich A wieder einlenkt:

A: »Komm, sei nicht böse, ich hab's ja nicht so gemeint!«

Ein Beispiel von Kommunikation mit noch mäßiger Dramatik. Was wird die Folge sein? Das Paar hat wieder eine »Runde durchgespielt«, aber im Grundsatz haben sie nichts verändert. Vielmehr werden beide – unterbewusst – immer noch der Meinung sein, dass der andere alles verklüngelt beziehungsweise man ungerecht beschuldigt wird. Damit sind neue Runden geradezu vorprogrammiert. Und im Laufe von Jahrzehnten wird man sich dann wahrscheinlich eher wie Hund und Katze begegnen und kaum mehr in Liebe.

Wenn es um unsere Kommunikation geht, geht es nicht nur um das, was gerade mit Worten gesagt wird, sondern auch um dahinter Stehendes. Das wird ausgedrückt durch den »Ton, der die Musik macht«, durch die »Untertöne, die zwischen den Zeilen hörbar werden«. Diese Untertöne können bewusst ausgesandt werden, zum Beispiel, um den anderen noch mehr zu reizen. Aber auch unterbewusst schwingen sehr oft Untertöne mit, vor allem durch die Grundüberzeugungen, die man über andere Menschen, über sich selbst und über das Leben insgesamt hat. Diese hat man in der Kindheit gelernt, und sie beeinflussen oft unbemerkt die Kommunikation.

Beispielsweise hat man sich als Kind sehr oft unterlegen fühlen müssen und daraus die unterbewusste Grundüberzeugung gewonnen: »Ich bin nur Opfer der anderen!« Solche und ähnliche sogenannte verborgene Positionen laufen wie automatisch ab. Dies alles kann mithilfe des Drama-Dreiecks bewusst gemacht werden.

Wir werden gleich sehen, dass alle Positionen des Drama-Dreiecks sowohl Abwertungen als auch Übertreibungen beinhalten. Und wenn solch eine Kommunikation läuft, wird sie stets mit destruktiven Gefühlen enden, die auch noch vorhersagbar und wohlbekannt sind, nach dem Motto: »Ich wusste genau: Wenn ich das sagen würde, dann gibt es Streit. Und ich habe es gesagt!«

Damit noch nicht genug: Diese schlechten Gefühle am Ende bestätigen wiederum die ursprünglichen Ausgangspositionen; im obigen Beispiel wird man sich »wieder einmal als Opfer« erleben. Und deswegen wird Kommunikation und das Leben immer dramatisch, wenn jemand aus einer der drei Positionen des Drama-Dreiecks kommuniziert.

Die erste Position im Drama-Dreieck: OPFER

OPFER

Definition: Als Opfer gibt sich jemand, der sich – unterbewusst – abhängig macht von anderen Menschen oder Umständen. Er schiebt also die Verantwortung für das eigene Tun, eigene Fühlen und eigene Denken auf jemand anderen.

Die Opferhaltung ist eine Fortsetzung der Kindheit, wenn man sich damals anderen derartig ausgeliefert gefühlt hatte, dass man nichts oder nur sehr wenig dagegen tun konnte. Vielleicht war man gar ein Opfer im direkten Sinn und ist zum Beispiel misshandelt worden. Solche Erfahrungen können dann beibehalten und im Erwachsenenalter aktiv inszeniert werden. Aktiv, weil man nun als Erwachsener etwas ändern könnte, aber aus unterbewusster Gewohnheit es nicht tut. Vielmehr hat sich dieses Opfergefühl gewissermaßen verselbstständigt und ist zur zweiten Natur geworden. Dann ist man wieder in der eigenen Kindheit angekommen, lebt also kaum vom Erwachsenen her, sondern ist vielleicht fast nur Inneres Kind. Die Abwertung ist deutlich: »Ich kann überhaupt nichts machen!«

Einige Beispiele:

- Man gibt praktisch immer nur nach, ordnet sich gleich unter, weil man die eigene Meinung nicht sagen will, aus Sorge, dass es Streit gibt. – Diese Haltung ist typisch für die Anpassungsphase.
- Manche Menschen haben immer das Gefühl, zu kurz gekommen zu sein: »Ich bin doch hier nur die Putzfrau!« Oder: »Ich bin doch hier nur der Goldesel, der Geld heranschafft!« Dann sind sie ebenso in der Opfer-Haltung wie jemand,
- der sich immer schuldig fühlt, für alles und jedes, vielleicht auch nach einem Verzeihen.
- Manche fühlen sich gezwungen nachzugeben, aber sie wollen das »eigentlich« nicht. Beispiel: »Es kam so über mich, da musste ich mit ihm ins Bett gehen.« – Dies erinnert an einen hilflosen Inneren Säugling.

Opfer benutzen übrigens sehr häufig das Wort »muss«, damit die eigene Verantwortung – unterbewusst – auf eine anonyme Macht abgeschoben werden kann. Der Preis ist jedoch, dass man den Kontakt zu den Gefühlen verliert, die einen motiviert haben, so und nicht etwa anders zu handeln.

Dies alles beinhaltet auf der anderen Seite auch eine Übertreibung: »Du bestimmst hier alles! Du bist verantwortlich!« Oder gar: »Du bist schuld (weil du ja verantwortlich bist)!« Hier wird auch eine unterbewusste aggressive Haltung deutlich.

Die andere Übertreibung eines Opfers lässt sich zwischen den Zeilen erkennen oder sie wird ausgesprochen: »Du kannst mir sicher helfen!« Oder gar: »Allein du kannst mir helfen!« – Schon Elvis hatte gesungen: »Only you …!« Und Udo Lindenberg treibt es auf die Spitze: »Doch jetzt knallst du in mein Leben, und ich kann mich nur ergeben …«

Die meisten der sogenannten Liebeslieder handeln von: »Ich bin nur glücklich, wenn du bei mir bist!« oder sogar: »Ohne dich hat mein Leben keinen Sinn!« Das ist ja, nüchtern und nicht verliebt betrachtet, schrecklich! Diese Sinnlosigkeit, Verlorenheit ist nur verständlich aus der Sicht eines Kindes, das ja wirklich verloren ist, wenn kein Erwachsener da ist. Aber ist man als Erwachsener wirklich ohne Sinn oder ist man wirklich verloren ohne den anderen?

Unsere Liebeslieder müsste man also eigentlich »Verliebtheitslieder« nennen, weil es für die Verliebtheitsphase, wie oben ausgeführt wurde, typisch ist, dass man ohne den anderen nicht meint leben zu können. In dieser Phase ist es tatsächlich kaum vorstellbar, dass man Lebenssinn und Lebensfreude auch aus sich selbst allein erfahren kann und nicht nur aufgrund der Partnerschaft. Ich höre immer wieder in der Paartherapie: »Es geht mir gut, wenn es auch meinem Partner gut geht.« Das ist eigentlich gar nicht so nett, wie es sich anhört, denn man macht sich selbst zu einer Art Anhängsel an den anderen, also zum »Opfer«. Das wird besonders deutlich, wenn es dem Partner mal schlecht geht; dann geht es nämlich meistens dem anderen auch schlecht. Als ein Erwachsener dagegen kann man stabil bleiben: »Es geht mir gut, auch wenn es meinem Partner vielleicht schlecht geht.«

Aussagen von Opfern können auch eine bewusste oder unterbewusste Erpressung beinhalten. In Kampfphasen wird das besonders deutlich, wenn einer damit droht zu gehen. Öfters reagiert dann der andere als Opfer: »Dann hat für mich das alles keinen Sinn mehr« oder sogar: »Dann bringe ich mich um!« Der gehen wollte, knickt daraufhin vielleicht ein, und die Erpressung ist gelungen. Natürlich fühlt sich der Erpresser keineswegs als Täter, sondern als Opfer, nämlich sich selbst absolut hilflos und verlassen – eben wie ein kleines Kind. Aber er ist inzwischen erwachsen!

Solche Menschen haben vielleicht in der Kindheit einen der folgenden Hintergründe erleben müssen:

- Man war – zusätzlich zu der generellen Abhängigkeit als Kind – auch Opfer von besonders strenger Reglementierung, von Misshandlungen, Missbrauch oder dergleichen.
- Man kam damit durch, dass man Schuld auf andere schob und somit sich selbst als Opfer präsentierte, zum Beispiel: »Der hat mich gerade gehauen!«
- Oder man wurde überbehütet, indem die Mutter oder der Vater einem praktisch alles abnahm. Möglicherweise war es hilfreich gemeint: »Das brauchst du nicht zu tun.« Oder es war unbeabsichtigt herabsetzend: »Dazu bist du noch zu klein, das kannst du noch nicht!« So oder so hatte man vielleicht als Kind nie eigenen Entscheidungsspielraum.

Alle Positionen im Drama-Dreieck üben geradezu einen Sog auf andere Menschen aus, ebenfalls mit in das

Drama einzusteigen. Bei einem Opfer könnten sich sogar zwei Positionen eingeladen fühlen. Schauen wir zunächst auf die angenehmer scheinende:

Die zweite Position im Drama-Dreieck: RETTER

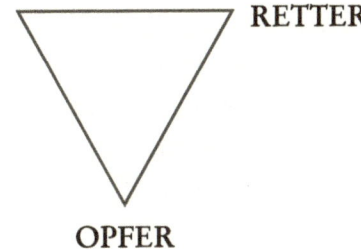

RETTER

OPFER

Diese Position ist dieselbe wie der »Helfer« beim Helfersyndrom. Ein Helfer oder Retter braucht es, hilfreich sein zu können; dadurch verschafft er sich – unterbewusst – seine Zuwendungen. Auch dies kann ein Rückgriff auf entsprechende Kindheitserfahrungen sein. Es sind häufig Menschen, die als Kinder lernen mussten, sich ständig um andere zu kümmern. Sei es, dass sie als älteres Kind den jüngeren Geschwistern helfen mussten; sei es, dass sie damals einen zum Beispiel alkoholisierten Elternteil versorgen mussten. So kann das Helfen zu einem Lebenskonzept werden. Man gibt dann viel Zuwendung, aber selbst erhält man nur wenig, eigentlich gar nichts, zurück. Denn in der Kindheit hatte man von anderen ja auch kaum Unterstützung bekommen. Im tragischsten Fall opfert sich ein Retter gänzlich auf.

Seine unterbewusste Abwertung des anderen besteht in der mit der oft ungebetenen Hilfe mitgelieferten

Botschaft: »Du kannst dir nicht selber helfen!« Dabei könnte es der andere vielleicht durchaus. Und die ebenfalls nicht bewusste Übertreibung lautet: »Ich weiß schon, was für dich gut ist; und ich bin dazu ausersehen, dir zu helfen!« Er ist also nach außen tatkräftig, wobei er jedoch seine eigene Bedürftigkeit, das bedürftige Innere Kind, verleugnet.

Ein Retter nimmt anderen die Verantwortung ab, ja reißt sie sogar vielfach an sich. In Therapiegesprächen beispielsweise kann es typisch sein, dass er für den anderen antwortet. Zugespitzt ausgedrückt: Ein Retter sammelt Opfer um sich; unter Umständen macht er sie erst hilflos (»erlernte Hilflosigkeit«). Deren Bedürftigkeit braucht er nämlich unterbewusst, um die Bedürftigkeit des eigenen Innere Kindes nicht fühlen zu müssen: »Ich fühle mich nur gut, solange ich anderen helfe.«

Genau das war ja seine Erfahrung damals als Kind gewesen, die im Extremfall damals durchaus wahr gewesen war: »Wenn ich nicht wäre, würde hier alles zusammenbrechen!« So wurde aus einer realen Notwendigkeit von damals ein irreales Lebenskonzept für heute, in welchem andere im Grunde genommen bevormundet werden. Deshalb hat ein Geholfen-Bekommen durch einen Retter oft einen unangenehmen Beigeschmack, weil da – unterbewusst – die genannten Motive mitspielen.

■ Ein Retter fühlt sich also in übersteigertem Maße verantwortlich, dass es dem anderen gut geht. Ein derartiges Verantwortungsbewusstsein wäre aber nur angebracht bei Kindern oder Pflegebedürftigen.

- Ein Retter bestimmt, was getan werden sollte, nimmt dem anderen schnell was ab, was der tun müsste, räumt zum Beispiel noch schnell alles weg, da es sonst Streit geben würde. Ein Opfer täte das auch, aber halt als »Opfer«, also depressiv. Ein Retter hingegen blüht auf, weil er in seinem Element ist.

- »Du musst einfach nur zu einer Therapie gehen. Die bezahle ich dir auch. Das wird dir guttun!« sind ebenso Sätze von Rettern wie wenn er den anderen entschuldigt: »Ich rufe bei deinem Chef an und sage, dass du krank bist. Und ab morgen trinkst du dann nicht mehr, gell?« Damit wird der andere zu einem Kind degradiert.

- Retter sind auch Versöhner, Zudecker, Besserwisser, Alleswisser und sie analysieren gern die anderen – nur zu deren Besten, natürlich.

- In Paarbeziehungen können sie sich in der Anpassungsphase sehr gut einrichten, um aus der Verliebtheit heraus die Illusion eines Paradieses doch noch irgendwie zu erhalten.

- Sie können praktisch nur geben, aber kaum etwas annehmen, weil sie das nicht gewohnt sind. Nach Jahrzehnten brechen sie womöglich mit Burnout zusammen.

Die dritte Position im Drama-Dreieck: VERFOLGER

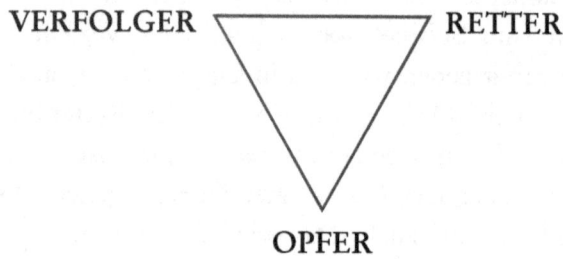

Ein Verfolger ist einer, der brüllt: »Du bist schuld daran! Immer bist du schuld!« In dieser Anklage liegt die Abwertung. Die Übertreibung ist folgerichtig: »Ich weiß, was richtig und falsch ist. Ich bin es, der den Durchblick hat. Ich bin der einzig Gerechte!« Er lebt also in der Haltung: Angriff ist die beste Verteidigung.

Dies wird ebenfalls auf entsprechenden Kindheitserfahrungen fußen. Wahrscheinlich hat ein Verfolger viel Kritik statt positiver Zuwendung erlebt, oft auch Gewalterfahrungen gemacht. Und diese Gewalt imitiert er nun, um nur ja nicht das Opfer-Gefühl wieder empfinden zu müssen. Diesmal ist er – unterbewusst – lieber selbst der Täter.

Des Weiteren können Menschen zu Verfolgern werden, die es seit ihrer Kindheit gewohnt waren, dass alle – das heißt zunächst die Eltern und eventuelle Geschwister, später die übrigen Menschen – machten, was man nur wollte. Vielleicht hatten die Eltern jegliche Strafe oder Konsequenz abgelehnt, weil sie selber misshandelt worden waren, und waren nun in der Erziehung ins Gegenteil gefallen, sodass sie alles durchgehen ließen. Oder vielleicht hatten die Eltern resigniert aufgegeben, weil sie nicht »gegen das Kind ankamen«. So ziehen sich Eltern erst »kleine Tyrannen« heran, die dann zu großen werden, mit denen schließlich gar nicht mehr umzugehen ist. Solche Kinder haben dann gelernt: Wenn sie schon wenig Liebe von den Eltern bekommen hatten (hier indem die Eltern auch deutlich Grenzen gesetzt hätten), dann hatten sie wenigstens Macht über andere.

Zusammengefasst ist ein Verfolger ein innerlich sehr verletztes Kind, das sich als Starker ausgibt. Nach außen scheinbar kraftvoll, hat er Verletzungen und die Bedürftigkeit seines Inneren Kindes völlig abgespalten.

Ebenso wie der Retter will er die Opfer-Position vermeiden, indem er die anderen da hineinzwingt.

- Er macht also andere nieder, zum Beispiel: »Du bist der letzte Waschlappen!«
- Er ist überzeugt, dass die Ursache für die Probleme nur beim anderen liegen: »Der Partner ist schuld! Und zwar alleine!«
- Und er behält die vermeintliche Schuld des anderen mitunter erstaunlich genau im Gedächtnis und kann nach Jahren noch belegen, was der andere getan oder unterlassen hatte.
- Chronische Verfolger inszenieren Beziehungsstreits, die immer nur dieselbe »alte Leier« wiederholen. Wer lebenslang gewohnt war, gegen jemanden zu kämpfen (damals vielleicht gegen einen autoritären Vater oder eine übermächtige Mutter), der wird auch seinen Partnern ähnliche Etiketten ankleben, etwa mit der Aufschrift »FEIND!«. Hier ist der Wieder-

holungszwang sehr deutlich am Werk, weil es laut-
stark zugeht.

- In Paarbeziehungen sind Verfolger-Positionen besonders nach der Anpassungsphase zu finden. Mit
dem typischen Ausruf: »Jetzt reicht's aber! Jahrelang
habe ich dir den Rücken frei gehalten/habe ich aus-
gehalten, dass du …« wird die Verfolgung aufgenommen und es beginnt die Kampfphase.

Insbesondere darin, an Schuld zu erinnern, sind Verfolger ähnlich wie Opfer, aber nicht klagend, sondern
anklagend, was ein erheblicher Unterschied ist. Manchmal merken sie es gar nicht, wie sie mit anderen umgehen. Das ist verständlich, denn sie mussten in Vorzei-
ten jegliches Gefühl für sich selber und damit jegliche
Einfühlung abstellen.

Fazit: Nicht erfüllende Begegnungen

Auf Partnerschaft bezogen sind dies alles unechte und
damit nicht erfüllende Begegnungen, weil nur längst
vergangene Innere-Kind-Teile der eigenen Person
ebenso lange vergangenen Inneren-Kind-Teilen der anderen Person begegnen und somit nur Vergangenheiten
aufeinandertreffen. Jedoch ist Leben ausschließlich in
der Gegenwart, also nur als Erwachsene, möglich.

In den meisten Paarbeziehungen gibt es allerdings
den unterbewussten Geheimvertrag: »Wenn du mein
Inneres Kind versorgst, dann versorge ich deins!« Diesen Vertrag einzuhalten ist jedoch nur von Positionen

des Drama-Dreiecks aus möglich, nicht aus einer souveränen erwachsenen Position. Bestenfalls geschieht das wechselseitig, es ist also mal der eine, mal der andere Erwachsene dran, das Innere Kind des anderen zu versorgen; so findet immerhin ein Geben und Nehmen statt. Aber sollte es nicht um Liebe gehen, statt um das Aufrechnen des Einsatzes? Ja, auch das kann Liebe sein, aber eine noch weiter entwicklungsfähige Liebe. Liebe kann und darf wachsen und zu reifer Liebe werden.

Von allen Positionen des Drama-Dreiecks geht eine Art Sog aus. Sie alle sind unterbewusst manipulativ und wollen unterbewusst andere in das Drama mit hineinziehen. Deswegen fühlt man sich oft unwohl, wenn jemand aus einer Position des Drama-Dreiecks handelt.

Verschiedene »zusammenpassende« Konstellationen

Retter – Opfer

Wenn ein Retter sich einem Opfer zuwendet, sind beide meist begeistert – am Anfang. Doch wenn der Retter viel zu viel für das Opfer macht, zum Beispiel wenn das Innere Kind nur bemüht ist, dem anderen (unterbewusst dem Vater beziehungsweise der Mutter) alles Recht zu machen, dann könnte sich irgendwann im

Opfer Widerstand regen: »Musst du dich denn um alles kümmern? Du bevormundest mich geradezu!« Dann könnte der Retter meinen: »Ich hatte es ja nur gut gemeint! Ich will doch nur, dass du dich wohlfühlst!« und »Das ist jetzt der Dank dafür!« Er kann dann auch in die Opferrolle kippen, beleidigt sein und maulen, oder er kann zum Verfolger werden und wüten: »Was habe ich alles für dich getan! Ich habe meine Ausbildung abgebrochen, deinetwegen …« Denn wenn einem eine Position im Drama-Dreieck vertraut ist, dann sind ihm auch alle anderen Positionen mehr oder weniger geläufig und können sehr schnell eingenommen werden.

Es kann einem Retter auch zu viel werden, wenn alles irgendwie nicht genug zu sein scheint, wenn ihm der andere schier unersättlich vorkommt und dessen Inneres Kind immer noch Mangel verspürt. Es wird kaum möglich sein, dass man heute ein Mangelgefühl abstellen kann, das der andere als Kind damals hatte. So wie es auch nicht möglich ist, Hunger, den man früher einmal leiden musste, zu stillen, indem man heute isst. Das Gefühl des Hungers hingegen kann bleiben und es ist dann unersättlich, weil es heute nicht mehr real ist.

Ein weiteres Bespiel. Wir kennen das Klischee der klassischen Rollenverteilung: Der Mann geht aus dem Haus, müht sich Tag für Tag ab und bringt das Geld für seine Familie nach Hause. Er ist sozusagen Außenminister. Sie hat sich als Innenministerin um Haus, Garten und Kinder zu kümmern. Daran ist auf den ersten Blick nichts auszusetzen, zumal wenn beide zumindest am Anfang noch zufrieden sind. Doch eigentlich könnte das bedeuten, dass der Mann die Frau unterbewusst quasi als Tankstelle ausnutzt, damit er wieder mit frischen Kräften ans Werk gehen kann.

Der Mann hat also eher eine Art Mutter zu Hause als eine Frau: Er wird versorgt mit Essen, mit frisch gebügelten Hemden, und vor allem »hält sie ihm die Kinder vom Hals«. Sie lebt also ihre Retter-Ambitionen aus. Und was macht er? Es kann sein, dass er »seine Pflicht tut«, indem er das Geld heranschafft, im Übrigen aber in die Welt wie ein Teenager geht, der seine Aufgaben erledigt hat: Er macht bald »Überstunden« bei einer Freundin …

Wenn jedoch beide in ihrem Element sind, also in den seit der Kindheit angestammten Positionen im Drama-Dreieck, wo ist dann das Problem? Oftmals kommt erst spät, in der Mitte des Lebens, die dumpfe Ahnung hoch: »Das kann doch nicht das ganze Leben gewesen sein!« Richtig, das »ganze« Leben war es nicht, denn es wurde ja bei beiden viel ausgeklammert. Und zumeist ist es die Frau, die dann aufsteht und sich vertritt (Kampfphase), weil es ihr allmählich klar wird, wie sehr sie immer nur darauf gehofft hatte, dass sich »irgendetwas« ändern würde – aber vergebens. In der Regel gibt es Zwist, wenn einer von beiden die gewohnte Position im Drama-Dreieck verlässt. Vielleicht, weil sie nun für sich einsteht oder weil wie in dem obigen Beispiel seine Affäre ans Licht kommt.

Hier kann man schon ahnen, dass die Positionen von Opfer, Retter und Verfolger ziemlich oft vielfältig besetzt sind: Eine Position wird deutlich nach außen gezeigt, währende eine andere verborgen ist.

Im eben genannten Beispiel macht der Mann sich zum Opfer gegenüber der Frau und lässt sich bedienen. Diese Rolle ist recht angenehm, weil sie bequem ist. Andererseits ist der Mann aber auch – verborgen – ein Verfolger seiner Frau, denn er verwechselt sie unterbewusst mit seiner Mutter. In Wirklichkeit ist ja die Frau seine Partnerin, und er »hintergeht« seine Frau mit der Freundin; und dies ist eine äußerst aggressive Tat.

Verfolger – Opfer

Sie passen ebenfalls zusammen und sind nicht selten in Partnersituationen zu finden. So wie eine Frau, die einen Nachholbedarf aus der Pubertät hatte: Sie wollte oft »auf Schwof« (das war ihr Ausdruck in einem Paargespräch) gehen, aber der Mann wollte nie mitkommen und tanzen. Als sie mal wieder loszog, ordnete er stattdessen nur an: »Du bist um Mitternacht zu Hause!« Damit saß die arme Frau dann in der Klemme. Denn weil sie schon etwa Mitte vierzig war, wurde sie um Mitternacht schon ziemlich müde. »Aber weil mein Mann mir gesagt hatte, dass ich um 12 nach Hause zu kommen habe, blieb ich extra bis zwei Uhr morgens!« Die Rebellion des Inneren Teenagers gegen den Mann (als Stellvertreter für den Vater wahrscheinlich) ist nicht zu übersehen.

Es gibt in der Opfer-Position auch Frauen, die sich von ihrem Mann schlecht behandeln, erniedrigen oder gar schlagen lassen und immer wieder zurückkehren: »Ich liebe ihn ja so und kann ohne ihn nicht leben!« –

Eine solche kindhafte Anhänglichkeit mit dem Blick auf das Drama-Dreieck zu beurteilen kann beiden Beteiligten helfen.

Opfer – Opfer

Auch dieses Zusammenspiel kommt vor. Diese Positionen werden zum Beispiel von einem Paar eingenommen, das sich gegen eine feindlich erlebte Umwelt zusammentut. Der biografische Hintergrund ist natürlich, dass sie es damals als Kind oder Jugendlicher real so erlebt hatten.

Wenn solch eine Solidarisierung im Stil von »Hänsel und Gretel verirrten sich im Wald« geschieht, ist das ja noch annähernd positiv. Qualvoll wird es indes, wenn sie beide als Opfer gegeneinander kämpfen: Sie wetteifern also darum, wer von beiden das größere Opfer ist und demnach am meisten Hilfe verdient. Dann könnte sich ja der andere endlich als Retter erbarmen. Solche Kämpfe gibt es durchaus über Jahre und Jahrzehnte. Diese Dramen, die jedem Außenstehenden sofort ins Auge stechen, fallen leider den Betreffenden selbst nicht auf. Dazu müssten sie die Kindposition verlassen und erwachsen sein, damit sie ihr Tun bewusst wahrnehmen können. Das können sie nicht, und so vergeuden sie damit oft viele Lebensjahre.

Verfolger – Verfolger

Diese Streitpositionen kommen häufiger vor als die zuvor genannte und sie werden vehementer ausgelebt. Beide Partner verstärken wechselseitig die Position des anderen, bis sie schließlich japanischen Ringern ähneln, die sich im Kampf um die Vorherrschaft ineinander verknotet haben. Beide wollen um keinen Preis die Opfer-Position mehr erleben, dazu ist jedes Mittel recht, und das Ganze endet mitunter in regelrechten Schlachten.

Alltäglicher sind die nicht so drastischen Kämpfe bei Paaren. Diese gehen von kleinen Spitzen nach der Devise »Du hast mir gestern schon mein Förmchen weggenommen!« bis hin zu Grabenkämpfen, wo man nur noch miteinander kommuniziert, indem man ab und zu eine psychische Handgranate wirft: »Soll er mal sehen, wie das ist! Wie du mir, so ich dir!« – Ging es nicht mal um Liebe?

Ein Sonderthema sind Paare, die sich erst extrem fetzen und dann miteinander ins Bett gehen und richtig guten Sex haben. Und es gibt sogar Paare, die nur dann guten Sex haben können, wenn sie sich vorher gestritten haben.

Die Hintergründe können vielfältig sein. Meistens hatte sich zwischen den beiden etwas angesammelt, das sich in einem »reinigenden Gewitter« entlädt. Danach sind die Inneren Kinder nicht mehr missvergnügt, sondern zufrieden, weil die Erwachsenen sie vertreten haben und sie dann wieder »miteinander spielen und Spaß haben« können. Und insbesondere Menschen, denen in der Kindheit wenig Aggressionen erlaubt waren, wollen sich dann anschließend der Liebe wieder vergewissern: »Hast du mich immer noch lieb und bist du mir auch nicht mehr böse?« Dann kann es zu erfrischendem Sex kommen.

Eine weitere Möglichkeit ist, dass durch den Streit wieder eine größere Polarität von männlich – weiblich zwischen den beiden entsteht. Eine erotische Anziehung ist umso mächtiger, je größer diese Polarität ist. (Mehr darüber können Sie weiter unten im Abschnitt »Männlichkeit – Weiblichkeit« nachlesen.) Und so »müssen« sich mache Paare erst streiten, damit überhaupt eine genügend große Polarität und damit erotische Anziehung entsteht. Die Preisfrage ist in diesem Fall natürlich: Wie könnten die beiden es anstellen, dass sie auch ohne Streit genügend Anziehung füreinander haben? – Sie können sich natürlich dahingehend entwickeln, wenn sie sich ihre inneren Bedürfnisse bewusst machen.

Es gibt vielleicht noch viele andere mögliche Konstellationen. Diese Beispiele sollen eine Ahnung und Neugierde erwecken, was in Ihrer Beziehung vorliegen könnte, und so einen Anreiz für ein weiteres Wachstum schaffen.

Dramen des Drama-Dreiecks enden vorhersagbar

Beispiel: Ein Mann sehnt sich nach einem heißen Abend mit seiner Liebsten, vermasselt dies aber durch herbe Kritik: »Wir haben schon sooooo lange nicht mehr miteinander geschlafen!« (Verfolger). Wird die Frau freudig auf seinen Ruf hin ins Bett springen und sagen: »Komm, Liebster, ich habe nur auf deinen Vorwurf gewartet«? Ganz und gar nicht. Vielleicht fängt sie stattdessen einen Streit an (ebenfalls Verfolger) oder legt sich ins Bett, weil sie Kopfschmerzen hat oder vorgibt zu haben (Opfer).

Wie geht es weiter beim Mann? Er denkt oder sagt gar: »Blöde Weiber!«, fühlt sich nunmehr als Opfer und setzt sich vielleicht vor den PC, um sich »nette Bilder« anzugucken, oder macht Cybersex. Durch seine Aggressionen mit anschließendem Frust sind neue Runden vorprogrammiert, indem die anfänglichen Positionen im Drama-Dreieck (erst Verfolger, dann Opfer) am Schluss wieder bestätigt werden: »Wusste ich's doch, dass sie rumzicken wird!« (Verfolger); »Ich geh mal wieder leer aus« (Opfer).

Und die Frau? Sie sagt oder denkt: »Blöde Männer, wollen immer nur das eine!« (Verfolger) oder »Das hat er jetzt davon, ich habe wieder meine Kopfschmerzen! Ich hätte doch gewollt, wenn er nur lieb gewesen wäre« (nach außen Opfer, unterbewusst verborgen jedoch Verfolger: Rache ist süß). Sie fühlt sich entsprechend schlecht, wird sich in Zukunft vielleicht noch mehr zurückziehen und sich möglicherweise auf längere Sicht lieber etwas »Ungefährlichem«, zum Beispiel den Kindern widmen – das kann bis hin zu »ungefährlichem« Partnerersatz führen, also emotionalem Missbrauch der Kinder. Und damit legt sie ebenfalls aktiv die Grundlage für neue Runden: Der Mann wird ihr wegen ihres Rückzugs vielleicht noch mehr Vorwürfe machen, sodass die Frau ihrerseits wieder als Verfolger oder Opfer reagieren kann – ein nicht endender Teufelskreis, zu dem beide gleichermaßen beitragen.

Sind das überhaupt noch Begegnungen? Wohl kaum. »Es läuft so ab«, man »wird getrieben«, »wie von einem Sog« hinuntergerissen, so drücken es Klienten in meiner Praxis aus. Die Inneren Kinder »fahren also Schlitten« mit den Erwachsenen. Denn die Inneren Kinder sind wie das Unterbewusstsein sehr viel schneller als das Bewusstsein, als die Erwachsenen. Die Erwachsenen können so schnell gar nicht denken, schon sind die »Pferde mit ihnen durchgegangen«. – Jedoch wir selbst und unsere Beziehungen sollten es uns wert sein, dass wir als Erwachsene lernen, wie wir das Leben auch in solchen Streits selbst in die Hand nehmen können, statt es den Inneren Kindern zu überlassen.

Auch langfristig ist der Verlauf vorhersagbar, wenn Positionen des Drama-Dreiecks eingenommen werden: Nach Jahrzehnten wird das Ende eines Opfers wahrscheinlich zunehmende Vereinsamung sein, auch in einer Paarbeziehung, weil ihm »ja doch niemand helfen kann«! Deswegen beziehungsweise aus Selbst-Bemitleidung greift er vielleicht zur Flasche, zu Drogen, zu psychosomatischen Krankheiten, begeht so schleichenden Suizid oder verübt schließlich sogar Suizid.

Langfristiges Ende eines Retters wird wahrscheinlich ein Burnout sein, oder er bringt tatsächlich jemanden um, wenn dann doch die unterdrückte Wut herausbricht. Ein Verfolger bekäme nach Jahrzehnten wahrscheinlich einen Herzschlag oder Schlaganfall durch Bluthochdruck, würde vielleicht tablettenabhängig wegen der Beruhigungspillen – und an allem sind die anderen Schuld: »Wenn die nicht wären…!« Auch hier besteht im extremen Fall Mordgefahr.

Eine Partnerschaft, die aus den Positionen des Drama-Dreiecks geführt wird, endet nach Jahrzehnten möglicherweise mit Trennung, Scheidung, psychosomatischen Krankheiten, Mord, Suizid. Sie endet also mit Krankheit oder Tod durch Liebesmangel. Ursächlich ist es der Liebesmangel, aus dem heraus unterbewusst versucht wurde, Liebe zu ergattern – oder zu erpressen. Man wird immer hungriger und weiß vielleicht gar nicht, warum, und wird nur noch immer verzweifelter. Liebe ist jedoch ausschließlich zu bekommen, wenn sie freiwillig gegeben wird. Die im Grunde erpresserischen Rollen des Drama-Dreiecks sind deshalb grundsätzlich ungeeignet, unseren berechtigten Hunger nach Liebe zu stillen.

Positionen außerhalb des Drama-Dreiecks

Zur Klarheit muss erwähnt werden, dass es natürlich auch »echte« Opfer, Retter, Verfolger gibt, die also ohne Abwertungen oder Übertreibungen handeln.

Als »echte« Opfer zählen beispielsweise alle, die ohne eigene Schuld Unfallopfer sind.

Und in vielen Berufen sind »echte« Retter tätig, die professionell arbeiten und durchaus keine Retter in entmündigendem Sinn sind. Alle Pastoren, Therapeuten, Sozialarbeiter, Kranken- und Altenpfleger und so weiter, die ihren Ratsuchenden, Klienten, Patienten ihre Würde und Selbstbestimmung lassen beziehungsweise zurückgeben, sind selbstverständlich keine Retter im Sinn des Drama-Dreiecks.

Ebenso gibt es »echte« Verfolger, die ebenfalls nicht zum Drama-Dreieck gehören müssen: zum Beispiel Eltern, die ihren Kindern Grenzen setzen, oder Menschen, die ihre Berufe als Polizist, Schiedsrichter oder Steuerfahnder professionell ausüben.

Mir begegnen in meiner Praxis immer wieder Frauen und Männer, die als Kind eine Position des Drama-Dreiecks innehatten und später – natürlich unterbewusst – den dazu passenden Beruf ergriffen haben, der ihnen einen Vorwand lieferte, ihre Position weiter auszuleben. Diese Menschen erleben dann beispielsweise ständig, dass sie im Beruf benachteiligt werden. Oder es sind Therapeuten, die ihre Klienten von ihnen abhängig machen; Steuerfahnder, denen ihr Beruf aus Sadismus Spaß macht – das alles sind Beispiele, wie man damalige Kind-Positionen unterbewusst und scheinbar legitim innebehalten kann. Die Art und Weise, wie man seinen Beruf ausübt, ist also das Kriterium dafür, ob jemand immer noch aus der Position im Drama-Dreieck heraus agiert oder inzwischen wirklich erwachsen geworden ist und das Drama-Dreieck hinter sich gelassen hat.

Verzeihen

Nur in der Verliebheitsphase meint man noch, dass man niemals um Verzeihung bitten muss. Indes will uns unsere Psyche vom Inneren-Säuglings-Stadium mehr und mehr zur erwachsenen Liebe reifen lassen. Die erwachsene Realität ist jedoch, dass wir Menschen sind, und Menschen machen Fehler. Deswegen können Erwachsene auch um Verzeihung bitten und Verzeihung gewähren.

Auch Kinder können mitunter sehr schnell verzeihen und loslassen. Wenn Innere Kinder jedoch schon oft schlimme Erfahrungen mit einem Fehler des Partners gemacht haben und diese zudem an entsprechende Erfahrungen der Kindheit erinnern, wird die verletzte Person nicht so schnell bereit sein, zu verzeihen. Und so werden oft vom Inneren Kind unterbewusst die bösen Taten des anderen gesammelt und aufbewahrt. Dabei wird mit der Zeit das eigene Herz vergiftet, doch dies zu erkennen ist nur aus der Sicht von Erwachsenen möglich.

In der Paarbeziehung ist es für beide Partner die große Herausforderung, eben diesen Erwachsenen gerade auch durch Verzeihen immer mehr zu entwickeln. Ein geeignetes Ritual dazu finden Sie im Anhang im Abschnitt »Miteinander reden: Ein Verzeihungsritual«.

Männlichkeit – Weiblichkeit

Aus diesem Gegensatz speist sich die erotische Anziehung bei einem Paar. Dies ist der einzige Gegensatz in einer Paarbeziehung, wo die Partner zwar voneinander lernen sollten im Sinne einer Art Zugewinn oder Erweiterung für die Möglichkeiten der eigene Psyche, aber nicht aufeinander zugehen sollten im Sinne von Neutralisierung dieser Pole, ganz im Gegenteil. Im Folgenden erläutere ich diesen wichtigen Zusammenhang.

Die Psyche jedes Menschen beinhaltet nach C. G. Jung einen männlichen und einen weiblichen Anteil, der Animus und Anima genannt wird. David Deida schreibt dazu in seinem sehr lesenswerten Buch »Der Weg des wahren Mannes«: »Es kommt nicht darauf an, ob beide Partner Männer oder Frauen sind. Es macht keinen Unterschied, ob in einer heterosexuellen Beziehung der Mann die feminine Rolle oder die Frau die maskuline Rolle spielt. Es ist egal, wenn beide jeden Tag die Rollen tauschen. Sie brauchen für die sexuelle Polarität nur zwei energetische Pole, einen anziehenden Unterschied zwischen maskulin und feminin. *Sie brauchen diese Unterschiede nicht für die Liebe, sondern um die sexuelle Leidenschaft aufrechtzuerhalten* (...) Es liegt an Ihnen: (...) wenn Sie eine starke sexuelle Polarität wünschen, brauchen Sie einen Partner, der maskuliner oder femininer ist als Sie ...«[10]

Ich will wiederholen: Es geht hierbei nicht um die Liebe, sondern um die Leidenschaft zwischen den beiden. Es werden in der Regel viele Gründe angeführt, weswegen in längeren Beziehungen die Leidenschaft nachlassen kann: Man hat sich »aneinander gewöhnt«, man verlässt sich mehr als »gutes Team« aufeinander – kurzum: Man hat sich zu »guten Kumpels« entwickelt, die mehr oder minder nur noch »in einer Wohngemeinschaft« nebeneinander leben. Dies habe ich in meiner therapeutischen Arbeit recht oft zu hören bekommen. Aber ein wesentlicher Grund für diese Entwicklung ist, dass sich die beiden vielleicht anfänglich sehr entgegengesetzten Pole zu sehr angeglichen und damit mehr und mehr neutralisiert haben. Das muss der Liebe keinen Abbruch tun, wohl aber der Erotik.

»Braver Innerer Junge« und »liebes Inneres Mädchen«

Im Laufe der Jahre entwickeln sich recht häufig folgende Probleme: Das Weibliche beschränkt sich bei sehr vielen Männern auf die »erste Frau« im Leben, nämlich die Mutter. Und es wird dann unterbewusst die Mütterlichkeit auch bei der Partnerin gesucht. Dies ist zunächst einleuchtend, weil Männer als Jungen diese guttuende Mütterlichkeit buchstäblich »mit der Muttermilch aufgesogen« haben. An dieser Stelle aber ist es deutlich zu sehen, dass Männer sich weiterentwickeln sollten, vom unterbewussten Suchen nach Mütterlichkeit zu einem bewussten Gegenüber des Weiblichen in Gestalt der Partnerin. Andernfalls können solche Konstellationen entstehen, dass der Mann das Geld verdient

88

und die Frau als seine »Tankstelle« nutzt, wie im Abschnitt »Verschiedene ›zusammenpassende‹ Konstellationen« geschildert wurde. Die betreffenden Frauen klagen dann oft nach einiger Zeit: »Ich habe noch ein weiteres Kind!« und reagieren nach meiner Praxiserfahrung mit Unmut oder vielfach gar mit Abscheu.

Für die betreffen Männer bedeutet das einen nachdrücklichen Aufruf zur Weiterentwickelung. Denn andernfalls werden sich viele Frauen früher oder später von solchen Männern trennen – für diese völlig unerklärlich, denn sie wollen ja »alles machen für die Frau, Hauptsache, sie ist glücklich«! Solche Aussprüche kommen bei den Frauen nicht gut an, denn die darunterliegende Haltung passt eher zu einem Inneren Kleinkind als zu einem erwachsenen Mann. Die Frauen spüren den unausgesprochenen – weil unterbewussten – Wunsch des Mannes nach einer ständigen Vergewisserung: »Mami, hast du mich auch wirklich lieb? Ich tu ja alles, was du willst!« Den meisten Frauen ist dann sogar »ein Macho lieber als ein solcher Frauenversteher, denn ein Macho weiß ja wenigstens, was er will«.

Entsprechendes gilt natürlich auch umgekehrt für eine Frau, die als kleines Mädchen Papa immer gefallen wollte oder seine Aufmerksamkeit nur mühsam bekommen konnte. Sie wird später womöglich alles für den Mann tun und sich geradezu aufopfern. Aber dann könnte sie vielleicht feststellen, dass ihr Mann inzwischen eine andere »richtige Frau« gesucht hatte, weil sie versäumt hat, sich von einem »lieben Mädchen«, das unterbewusst Papa immer noch gefallen will, zu einer »Frau« mit einer ihr ganz eigenen Kraft zu entwickeln.

Unterbewusst Ängstliche

Wenn Männer Angst vor dem Weiblichen haben, liegt das wahrscheinlich an ihrer unterbewussten Angst vor ihrer damals eher strengen Mutter. In Form der sogenannten Inneren Mutter mischt sie sich unbemerkt, weil unterbewusst, in alles ein. Denn »sie meint es ja nur gut mit dem Jungen«. Im schlimmsten Fall hat die Mutter damals den Jungen geradezu kastriert, das heißt ihn in seiner Entwicklung zum späteren Mann beschnitten, sie gar unmöglich gemacht. Vielleicht hatte eine solche Mutter einen Vater, auf den sie aus irgendwelchen Gründen eine Wut hatte, die sie – unterbewusst – an ihrem Sohn ausließ. Stellvertretend muss der Sohn daran leiden, was ihm letztlich sein Großvater eingebrockt hat, und er wurde so zu einem »richtigen« Opfer, also nicht im Sinne des Drama-Dreiecks.

Und möglicherweise hatten solche Jungen auch noch das Pech, dass die Mutter sich damals mit einem eher zurückhaltenden Mann zusammengefunden hatte. So stellte sie ebenfalls unterbewusst sicher, dass sie möglichst wenig mit einer Vatergestalt – projiziert auf ihren Mann – zu tun hatte, damit sie nicht über ihren verinnerlichten Vater wütend werden musste. In einem solchen Fall ist der Junge ganz schlecht dran: Vor der Mutter hat er Angst und der Vater ist ihm kein Vorbild. Im Erwachsenenalter sind solche Inneren Eltern kaum zu gebrauchen, sondern reden nur störend ständig dazwischen. Als Folge wird der Mann Schwierigkeiten haben, zu einem Mannsein heranreifen zu können.

Das kann viele Auswirkungen haben. Denkbar wäre, dass ein solcher Mann zwar viele Beziehungen mit Frauen hat, aber sich nie auf sie richtig einlassen kann, weil jede Beziehung nur flüchtig und von kurzer Dauer ist. Aber das ist vom Inneren Kind so gewollt, weil dieses noch in der Angst vor der Mutter lebt. Deshalb hasst sein Inneres Kind alles Weibliche und zahlt Frauen stellvertretend heim, was seine Mutter ihm damals angetan hatte, indem es die Frau jeweils nach kürzerer Zeit wieder verlässt. So stellt das Innere Kind beziehungsweise der Mann unterbewusst sicher, dass die Frauen ihm nicht zu gefährlich werden können.

Ähnliches gilt für Don Juans, denen ich in meiner Therapiearbeit bisher nur einige wenige Male begegnete und die dann nur Einzeltherapie in Anspruch nahmen. Sie waren überaus galante Charmeure, die allen Damen (ihnen wäre der Ausdruck »Frauen« zu vulgär) glaubhaft das Gefühl geben, einzigartig zu sein. Sie kommen deshalb nicht in eine Paartherapie, weil die Damen mit ihnen kaum Probleme haben – außer der Sorge, vielleicht verlassen zu werden, aber ein echter Don Juan lässt immer ein Rest von Hoffnung zurück. Und die Damen wissen ja unterbewusst ganz genau, worauf sie sich einließen, und wiederholen ihrerseits vielleicht ihre Erfahrungen mit ihrem Vater.

Es kann auch sein, dass ein Mann eine unterbewusste Befürchtung hat, dass er seiner Partnerin nicht »Manns genug« sein könnte. Das führt womöglich dazu, dass er sich sozusagen Verstärkung holt und seiner Partnerin einen Dritten vorschlägt, also einen weiteren Mann, der mit der Partnerin Sex haben und der sie mit ihm zusammen beglücken soll.

Damit ist innerpsychisch mehreres gewonnen: Der Mann wird in seiner Männlichkeit unterstützt, indem er sich sozusagen von dem Dritten als »besseres Vatervorbild« die Erlaubnis holt, auch seinerseits »Mann« sein zu dürfen. Und der Innere Teenager begehrt auf und zeigt der Inneren Mutter, dass er es nun doch geschafft hat, sich von ihr zu befreien und »ein Mann« zu sein. Das Ganze ist natürlich ein hochkomplexes Spiel, das auch gründlich danebengehen kann, weil zu viele unterbewusste Prozesse ablaufen. Dazu ein Fall aus meiner Therapiepraxis: Ein Mann schlug seiner Frau einen Dritten zum Sex vor, obwohl die Frau sagte, dass sie durchaus zufrieden mit ihm allein sei. Er aber ließ nicht locker, dann willigte sie ein – und fand am Ende derart Gefallen an dem Dritten, dass sie ihren Mann verließ, mit dem Dritten wegging und die Scheidung einreichte.

Wenn Frauen eine unterbewusste Angst vor dem Männlichen haben, steckt dahinter meist der Vater, vor dem sie Angst hatten, oder sie waren als Kind oder Jugendliche gar Opfer von Übergriffen durch einen Mann gewesen. In beiden Fällen könnte die Folge sein, dass sie sich unterbewusst statt eines richtigen Gegenübers ein »Männchen« suchen, vor dem sie nichts befürchten müssen. Mit ihm wird wahrscheinlich die erotische Seite in der Paarbeziehung nur seicht dahinplätschern.

Die Kehrseite ist, dass Frauen mit solchen Erfahrungen Angst haben, in ihre eigene Kraft als Frau zu kommen. Das könnte ähnliche Auswirkungen haben wie die eben auf den Mann bezogen geschilderten.

Machos indessen finden sich überaus selten in einer Paartherapie ein, weil sie meistens nicht davon zu überzeugen sind, dass sie gleichermaßen Anteil an den Problemen in ihrer Paarbeziehung haben. Vielmehr stellt es sich schon im Erstgespräch heraus, dass Machos sich sicher sind, dass ihre Partnerin für alle Schwierigkeiten verantwortlich ist, und zwar allein oder zumindest zu 98 Prozent. Sie selber haben keinerlei Probleme. Dabei haben sie tief verborgen auch eine Angst vor dem Weiblichen: Sie lehnen ihre Anima in sich selbst ab – aber das kann man einem Mann kaum deutlich machen, der gar keine Probleme bei sich sehen kann. Und solche Männer suchen sich zudem unterbewusst oft entsprechende Frauen, die schon damals beim Vater vergeblich versucht hatten, ihn zu liebevollen Gefühlen zu bringen. Jetzt werden ähnliche Dramen wiederholt.

Sexualität

»Sex machen« kann jeder; der Trieb zur Fortpflanzung ist – wie bei Tieren auch – angeboren. In Sexualität schwelgen zu können ist dagegen nicht selbstverständlich. Und wahrscheinlich sind nur wenige Paare in der Lage, im Laufe der Jahre ihr Genießen so weit zu kultivieren, dass sie den gemeinsamen Energiefluss in stundenlanger Vereinigung miteinander feiern können.

Das, was unsere menschliche Sexualität besonders schön macht, ist also keineswegs angeboren, kann aber entwickelt werden. Und da gibt es besonders für uns westliche Menschen noch manches zu entdecken. Das könnte auch Inneren Kindern sehr gefallen, zum Beispiel die gerade erwähnte stundenlange Vereinigung. Diese kann aus einer vollkommenen Präsenz der beiden Erwachsenen erlebt werden, und kombiniert mit der Wonne von Verschmelzung und Sich-Auflösen der Inneren Säuglinge ergibt das ein einzigartiges Fest, weil von diesen als Rückerinnerung das behagliche und überaus ekstatische Gefühl der Einheit mit der Mutter beigesteuert wird. Dies nur als ein Beispiel, welch ein Spektrum von Möglichkeiten sich unter Beteiligung von allen Anteilen unserer Psyche auf dieser »Spielwiese« bietet.

Das Wichtigste zuerst: Hier werden keine Feststellungen gemacht, ob etwas besser oder problematischer ist, richtiger oder falsch. Sondern das Ziel dieses Kapitels ist, dass man gewahr wird, es gibt da Möglichkeiten, die Sexualität zu erleben, von denen man vielleicht noch nichts wusste.

Und als Zweites: Was bisher allen Beteiligten »Spaß macht« (und niemanden schädigt oder zwingt), ist auch weiterhin richtig. Wenn es also manchmal eher frivol sein soll, ist das unter dieser Voraussetzung ebenso »richtig« wie Blümchensex. »Jeder so, wie er mag!«, sang schon Udo Jürgens.

Sie sollten sich auch nicht unter den Leistungsdruck stellen, dass man alles im Folgenden genannte ausprobieren müsste. Leistungsdruck wäre ein tödlicher Lustkiller; die Inneren Kinder werden da nicht mitspielen. Hingegen empfehle ich einen eher spielerischen Umgang mit diesen Anregungen zur Gestaltung von Sexualität. In diesem Sinne ist dieses Kapitel geschrieben.

Schwierigkeiten

Die Inneren Kinder können und sollten mitspielen, und zwar positiv. Aber das ist nicht immer so einfach, wenn entsprechende negative Erfahrungen aus der Kindheit oder Jugendzeit vorliegen.

Oft herrscht beispielsweise bei sehr vielen Paaren eine unterbewusste Angst vor zu viel Nähe. Was unter »zu viel« verstanden wird, das ist natürlich sehr unterschiedlich. Das Erleben vieler Paare zeigt eine Art unterbewusster Automatik, durch die ein Überschreiten des gemeinsamen Nähe-Abstands durch einen Partner dazu führt, dass der andere mehr oder weniger schnell auf Distanz geht. So wird der unterbewusste Mittelwert von Nähe immer eingehalten. Manchmal wird das Nähe-Distanz-Bedürfnis sogar formuliert. Wenn beispielsweise einer von beiden ständig auf Nähe aus ist, fühlt sich der andere im Laufe der Zeit entsprechend bedrängt, und oft wird von dem Bedrängten dann erklärt: »Du musst mich kommen lassen. Wenn du mich nicht mehr zwingst, würde ich freiwillig kommen!«

Auch zunächst unverständlich Scheinendes enträtselt sich leicht, wenn wir uns die Nähe-Distanz-Bedürfnisse bewusst machen. Wenn etwa ein Paar nach einer sehr befriedigenden Liebesnacht mit wonnevoller Verschmelzung der Inneren Säuglinge am nächsten Morgen nichts Besseres zu tun hat, als sich über irgendeine Nichtigkeit zu streiten, könnte die unterbewusste Distanz-Automatik auf »Achtung, zu viel Nähe!« geschaltet haben; schon entstand der Streit. Treffender müsste man formulieren: Und schon machten beide Streit. Denn ein Streit fällt nicht vom Himmel; die beiden sollten schon erwachsen Verantwortung für den Streit übernehmen und sich nicht als Opfer davonstehlen.

Zu beachten ist dabei, dass dieser Impuls von »Zu viel!« zwar von dem eher distanzierteren Partner ausgehen kann, aber immer haben beide ein inneres »Zu viel!«. Der eher weniger Distanzierte empfindet dieses »Zu viel!« oft nur ein bisschen später als der andere. So kann ein herzbrechender Streit entstehen mit dem

Grundtenor »Immer musst du alles kaputt machen!«, und schon leiten beide eine legale Möglichkeit daraus ab, sich wieder zu distanzieren, weil ja einer angefangen hat zu streiten.

Die Lösung wäre kurzfristig, das natürliche Bedürfnis nach Distanz zu erkennen und auszusprechen, bevor ein Streit entsteht. Langfristig wäre es wieder eine Art Sprungbrett zur Selbsterforschung und damit zu weiterer Entwicklung: »Was bedeutet es, wenn ich nur so und so viel Nähe zulassen kann? Welche Erfahrungen hatte ich als Kind mit Nähe? Wie wurde mit meinen Grenzen umgegangen? Was haben mir die Eltern vorgelebt?«

Zu diesem Thema passt auch eine Beobachtung, die ich bei meiner Arbeit mit Paaren immer wieder mache: Nahezu alle Paare haben Mühe, einander für längere Zeit in die Augen zu sehen. Ich lasse sie meistens zu Beginn der gemeinsamen Arbeit gegenübersitzen und in die Augen schauen, und viele geben dazu Rückmeldungen wie »ungewohnt, einander so lange anzusehen, ohne was zu sagen« es sei. Da lebt man vielleicht schon jahrzehntelang miteinander, hat Sex miteinander (oder auch nicht mehr), hat vielleicht gemeinsame Kinder – aber schon ein In-die-Augen-Sehen von einigen Minuten ist anscheinend zu nahe, ist »ungewohnt«.

Wenn das Paar wegen entsprechender Schwierigkeiten zu mir gekommen ist, gehe ich dann einen Schritt tiefer und frage, ob sie sich beim Sex in die Augen schauen. Das ist für die meisten dieser Paare undenkbar. Denn in unserer westlichen Kultur bringt das Unterbewusstsein »Sex« noch immer häufig mit »schmutzig« in Verbindung. Aber die folgende Überlegung lässt viele Paare aufhorchen. Ich gebe dann zu bedenken: »Wenn Sie beide miteinander Sex haben, dann sind nicht nur Sie beide anwesend. Sondern unsichtbar im Unterbewusstsein verankert sind auch die Vorbilder der Eltern aus jener Zeit, also die verinnerlichten Inneren Eltern, mit dabei.« Dann frage ich das Paar: »Es sind also gewissermaßen mindestens sechs Personen im Bett, wenn Sie beide Sex machen. Was hätten wohl Ihre Eltern von damals dazu gesagt, was Sie miteinander jetzt treiben?« Die meisten schütteln sich bei einer derartigen Vorstellung, und damit sind oft schon die Augen des Paares geöffnet.

Und, liebe Leserin, lieber Leser, was würden Ihre eigenen Inneren Eltern sagen oder denken?

Unsere Inneren Eltern reden ständig mit und haben zu jedem und allem ein Kommentar zu geben. Diese »Stimmen im Ohr« sind meist schwierig wahrnehmbar; mindestens zwei finden sich in jedem der Partner, also insgesamt sechs Beteiligte. Wie man mit solchen elterlichen »Stimmen im Ohr« konstruktiv umgehen kann, ist in meinem ersten Buch ausführlich beschrieben. Ich führe hier nur eine Kurzversion am Beispiel einer Inneren Mutter an.[11]

Als der Erwachsene können Sie der Inneren Mutter unmissverständlich die Grenze setzen, indem Sie einen selbst gewählten Zauberspruch anwenden, etwa: »Mutter, halt die Klappe!« oder ruhiger, aber ebenso wirksam: »Ich habe zwar gehört, was du gesagt hast, aber ich werde mich anders entscheiden, als du es willst.« Das kann ungemein befreiend wirken. Innere Mütter und Väter können jedoch äußerst hartnäckig sein. In dem Fall sollte der Erwachsene beharrlich und standhaft bleiben: »Steter Tropfen höhlt den Stein«, die Wiederholung wird die Innere Mutter oder den Inneren Vater schließlich in die Grenzen weisen.

Die Idee, einen Zauberspruch einzusetzen, habe ich von Eric Berne, den schon genannten Begründer der Transaktionsanalyse.[12]

Unser Erleben von Sexualität

Über Sexualität sollte ein Paar zumindest gelegentlich miteinander reden. Sie sollte zwar eine Art einzigartiges Geheimnis zwischen dem Paar bleiben und nicht unnötig zerredet werden. Aber um nicht im Laufe der Jahre in Routine und damit gar in vorhersehbare Langeweile abzugleiten, ist ein Mittelmaß an Gespräch erforderlich.

Also gelegentlich reden – aber wie? Manchen Menschen ist das peinlich, ist man zumindest in älteren Jahrgängen doch von Kind auf gewohnt, dass man nicht »darüber« redet, dass »das« also ein geheimnisvolles Tabu-Thema ist. Wenn man dennoch über Sexualität spricht, kann sich ein ängstliches Inneres Kind melden: »Mama und Papa haben darüber nie gesprochen, also ist ihnen das peinlich ...« In den meisten Fällen wurde sogar ein Verbot herausgehört, obwohl ein solches vielleicht nie ausgesprochen, sondern nur aus dem Schweigen geschlussfolgert worden war. Es kann auch sein, dass ein Kind genau das Gegenteil erlebt hat und von den Eltern einen offenen und natürlichen Umgang mit Sexualität vorgelebt bekam.

Und zwischen diesen beiden Extremen finden sich mannigfaltige Abstufungen. Kurzum: Es kommt wie immer auf unsere persönliche Geschichte mit diesem Thema an. Wie und vom wem wurden wir »aufgeklärt«? Lediglich über die rein »technischen« Abläufe oder auch über die beglückende Erfüllung? Von den Eltern oder von Freunden? Wie war hinsichtlich dieses Themas die Atmosphäre im Elternhaus? Gab es vielleicht spezifische Erlebnisse?

Was machen die Inneren Kinder bei alledem? Die haben – ebenso wie die damals realen Kinder – mit Geschlechtsverkehr nichts im Sinn, wohl aber mit Sich-Zeigen, Doktorspielen, Schamlosigkeit, Neugier, unbefangener Nacktheit. Erst der Innere Teenager, also ab der Pubertät, ist an genitalem Sex interessiert. Eventuelle Störungen gibt es nur, wenn damals jemand in die damalige Unbefangenheit des Kindes eingegriffen hat.

Einer meiner Klienten erzählte mir, dass seine etwa dreijährige Tochter sich einmal im Übermut das Höschen ausgezogen und sich vor ihm demonstrativ zur Schau gestellt hat. Er hatte zum Glück für das Kind weder entsetzt noch ermunternd reagiert. Beides wäre in solcher erstmaligen Situation ins Unterbewusstsein der Tochter aufgenommen worden und hätte dort vermutlich Schaden angerichtet: Ein Entsetzen und Aussprüche wie »Pfui, sowas tut man nicht!« hätten Scham über ihre Sexualität zur Folge haben können; eine Ermunterung – und sei es auch nur ein Grinsen – von ihm hingegen hätte als Aufforderung wirken können, so etwas öfter zu tun. Am Ende könnte dann beispielsweise im Teenageralter eine Lolita dastehen, die sich Erwachsenen anbiedern und sie auch verführen will. Oder es könnte sich Ekel vor dem Ganzen oder innerer Protest entwickeln: »Jetzt aber grade!« – es gibt da mannigfaltige Möglichkeiten von unterbewussten Reaktionen. So oder ähnlich wird man zu Sexualrollen erzogen. Solche Rollen entstehen in Reaktionen auf einen anderen Menschen.

Der Klient allerdings begegnete dem Ausprobieren des Kindes zum Glück anders; er bemerkte wie nebenbei und in ruhigem Ton: »Schön, schön. Und jetzt kannst du dich wieder anziehen und weiter draußen spielen.« Und die Tochter befolgte das auch, und in den folgenden Jahren blieb sie weiterhin ganz unbefangen, aber hatte sich nicht wieder »zur Schau« gestellt.

Ein Fragebogen zum sexuellen Erleben

Für alle Paare, die miteinander über Sexualität ins Gespräch kommen wollen, könnte der folgende Fragebogen hilfreich sein, damit Vorlieben, Abneigungen, Wünsche und so weiter mehr ins Bewusstsein kommen.

Manche Paare hingegen scheuen sich, bei »dem Thema« irgendetwas zu formulieren. Sie äußern Erwartungen wie: »Wenn er mich wirklich lieben würde, dann würde er auch wissen, was ich mir beim Sex wünsche!« und verstecken sich auch dahinter. Aber das könnte jahrelangen Frust zur Folge haben, denn wir sind nicht mehr in der Entwicklungsphase, in der wir unsere Wünsche ohne Worte erfüllt bekommen. Eine solche Phase gab es tatsächlich, als wir Säuglinge waren. Ein Säugling kann schließlich nur zweierlei: entweder Laute des Wohlbehagens von sich geben oder weinen und schreien, wenn irgendetwas nicht passt. Dann werden tatsächlich Eltern benötigt, die den bekannten Fragenkatalog für den Säugling durchgehen: »Was hat er: Hunger? Windeln voll? Ist er einsam?« und so weiter. Da und nur da ist es angemessen, dass andere erraten müssen, was einem fehlt. Mit steigendem Lebensalter hingegen können wir sprechen. Insbesondere wir als Erwachsene können nur ziemlich selten Gedanken lesen. Aber alle Verliebte sind ja gewissermaßen auch Säuglinge, siehe oben zu den Phasen. Als Säuglinge erwarten wir geradezu, dass der andere mich auch ohne Worte versteht. Das Interessante ist: Die meisten Paare erleben in der Verliebtheitsphase, dass ein Verstehen ohne Worte auch funktioniert. Weil da anfangs beide nur recht wenige Bedürfnisse haben, dafür umso heftigere: nach Nähe, nach Wärme, nach Eins-Sein, nach Spaß und Lebensfreude. Wenn die erwachsenen Anteile wieder mehr zum Vorschein kommen – vielleicht nur gezwungenermaßen, weil der Alltag einen wieder fordert – und vor allem wenn mehr und mehr Routine einkehrt, gilt: Man kann auch miteinander reden! Und man sollte das auch, denn ein intuitives Erraten außerhalb der Verliebtheitszeit hat eine sehr hohe Fehlerquote. Also sollten wir auch durchaus über solch sensible Themen wie Sex reden.

Das fängt schon bei solch grundsätzlichen Fragen an: Sind Sie mehr ein Menschentyp, bei dem alles vorhersagbar sein soll, wie beispielsweise: »Mittwochs haben wir immer Sex«? Wenn auch in anderen Lebensbereichen ein ähnliches Sicherheitsbedürfnis vorhanden ist, könnte es sein, dass entsprechende Erfahrungen mit Unzuverlässigkeit in der Kindheit vorliegen, beispielsweise mit nicht eingehaltenen Versprechungen der Eltern. Dann kann es sein, dass das Innere Kind sich eine Regelmäßigkeit wünscht.

Oder sind Sie jemand, der Sex lieber spontan haben will, Motto: »Wo ein Wille ist, da ist auch ein Gebüsch!«? Das könnte auf ein freies Inneres Kind hindeuten: »Juhu, wir verstehen uns – lass uns miteinander spielen!« Wenn freilich auch in anderen Lebensbereichen ein ähnliches Bedürfnis nach Freiheit auftritt, kann das auf entsprechende Lebenshintergründe verweisen, zum Beispiel auf eine rigorose Erziehung. Dann könnte ein rebellisches Inneres Kind zu vermuten sein.

Sie ahnen es wahrscheinlich schon: Es gibt meistens nicht nur eine Deutungsmöglichkeit. Es können sich immer, also nicht nur beim Thema Sex, auch ganz verschiedene Altersstufen von Inneren Kindern melden, die mitreden wollen.

– Was würden Ihre Inneren Kinder zum Thema »Eher regelmäßig oder eher spontan?« sagen?

Ein Fragebogen wie der folgende weckt in vielen Fällen die Neugierde eines schon älteren Inneren Kindes: »Oh, da gibt es was zum Ankreuzen! Wie spannend!« Für Befangenere kann der Fragebogen eine Art Gerüst darstellen, von dem aus man vielleicht weiter arbeiten möchte; für freier Erzogene ist der Fragebogen meistens kein Problem.

Selbstverständlich sollte niemand versuchen, den anderen zu etwas zu überreden, was dieser nicht möchte. Und keiner sollte sich etwas aufnötigen lassen. Es sollte stattdessen bei dem mehr zögerlichen Partner zumindest ein etwas neugieriges Inneres Kind gegenwärtig sein, denn nur dann sollte etwas Neues ausprobiert werden. Zwar werden da vielleicht auch Innere Kinder aus anderen Altersstufen sein, die Angst haben, das ist nur natürlich. Wir haben vor allem Neuen und Unbekanntem erst einmal eine Scheu oder Angst, und dann könnte ein neugieriges Inneres Kind uns einen Ansporn liefern, sich auch auf bisher vielleicht unbekanntes Terrain zu begeben.

Falls jedoch nur ängstliche Innere Kinder in einem zu finden sind, die etwas Neues partout nicht wollen, aber dem anderen Partner die betreffende Sache recht wichtig ist, haben Sie beide ein Problem. Dann legt Ihnen der andere möglicherweise einen nächsten Entwicklungsschritt für Ihre eigene Psyche vor, damit diese wieder etwas »runder« werden kann. Wenn Sie diese Herausforderung Ihrer Psyche annehmen wollen, empfehle ich – wie bei allen Differenzen auch – eine gründliche Klärung. Vielleicht können Sie das beide miteinander besprechen, vielleicht auch mit einer Person Ihres Vertrauens oder in einer Paar- oder Einzeltherapie. Auf jeden Fall ist die Frage lohnend: Was genau ist es, das Ihnen bei dieser Sache Angst macht, beziehungsweise warum genau ist sie für Sie derartig wichtig? Solchen Fragen nachzugehen könnte für Sie und für die Paarbeziehung außerordentlich bereichernd wirken.

Der Fragebogen sollte zunächst von jedem der Partner allein ausgefüllt werden. Danach kann man darüber sprechen, natürlich nur über die Punkte, die man zum derzeitigen Zeitpunkt zur Sprache bringen will.

Beim gegenseitigen Vortragen kann man ganz nach Geschmack vorgehen und einander viel Vergnügen bereiten. Beispielsweise wählt man ein romantisches Ambiente, vielleicht ein gemeinsames Bad mit Kerzen oder einen Besuch in einem Restaurant, wo man dann einige Punkte bespricht. Oder man macht sich einen Spaß daraus zu erraten, was der andere wohl angekreuzt haben könnte. Jeder kann auch abwechselnd je einen für ihn sehr wichtigen Punkt nennen. Eine andere Möglichkeit ist auch, bei den leichteren Punkten zu beginnen und dann vielleicht nach einigen Tagen zu schwierigeren vorzudringen. Kurzum: Der Fantasie sind keine Grenzen gesetzt. Am besten kopieren Sie sich die Doppelseite und machen sich gleich ans Werk.

In der linken Spalte finden Sie verschiedene Möglichkeiten, sich mit Sex auszudrücken. In den Spalten daneben können Sie ankreuzen, ob Sie diese Möglichkeit aus Ihrem Leben kennen, wie Sie sie finden und ob Sie sich davon mehr wünschen. Dabei müssen natürlich nicht alle der bei der Spalte »kennen/leben wir« angekreuzten Möglichkeiten auch bei jedem sexuellen Zusammensein stattfinden, sondern mal die eine, mal eine andere, mal noch was anderes.

Dieses Erleben von ...	kennen/ leben wir	finde ich:		wünsche ich mir (mehr)
		positiv	negativ	
... tiefen Gefühlen				
... Spaß				
... spielen, herumtollen				
... seinem Trieb folgen				
... innerem Druck				
... völliger Hingabe, sich ausliefern				
... Aggressivität ausleben				
... Grenzüberschreitung				
... Verbotsüberschreitung				
... kuscheln, liebhaben, zärtlich sein				
... Stressabbau				
... Verschmelzung, eins sein				
... Energiefluss				
... Routine, Gewohnheit				
... Kind zeugen				
... den anderen glücklich machen				
... lieben				
... romantischer Umgebung				
... sich versöhnen				
... aus dem Kopf kommen				
... sich auflösen				

Dieses Erleben von ...	kennen/ leben wir	finde ich:		wünsche ich mir (mehr)
		positiv	negativ	
... Geborgenheit				
... sich machtvoll erleben				
... sich einander erregt zeigen				
... sich dem anderen ausgeliefert erleben				
... stundenlangem Vereinigtsein				
... den anderen zufrieden- zustellen				
... sich der Liebe vergewissern				
... Alltag vergessen, Ablenkung				
... Verbundensein				
... Ekstase				
... unbefangener Kinderfreude				
... Kraft				
... (Selbst-)Befriedigung				
... Lebensfreude				
... Mitleid				
... Pflichtgefühl				
... Geschenk				
... Trost				

Deutungsmöglichkeiten im Hinblick auf Entwicklungsphasen von beteiligten Inneren Kindern

Diese Abschnitte sollten Sie erst lesen, nachdem Sie den Fragebogen ausgefüllt haben. Denn das Lesen der folgenden Abschnitte könnte Ihnen die »kindliche Unbefangenheit« nehmen, die Sie brauchen, um den Fragebogen spontan auszufüllen. Und vielleicht wird sich auch Ihre Sexualität nach dem Lesen dieser Deutungsmöglichkeiten verändern; das Buch soll Ihnen ja Wachstumsmöglichkeiten erschließen. Wenn Sie das allerdings bei einem so sensiblen Thema wie Sexualität (noch) nicht wollen, können Sie den Rest dieses Kapitels zunächst auslassen und darauf zurückkommen, wenn es Ihnen stimmig erscheint.

Sicherlich werden Sie bemerkt haben, dass viele der im Fragebogen aufgeführten Möglichkeiten des Erlebens mit den Inneren Kindern zu tun haben, und das soll im Folgenden besprochen werden. Dabei bin ich mir im Klaren darüber, dass es noch viel mehr Deutungsmöglichkeiten gibt; die im Folgenden ausgeführten sollen Ihnen Denkanstöße geben, damit Sie die zugrunde liegenden Prinzipien verstehen und sich gegebenenfalls weitere Deutungen selbst ableiten können.

Ich nenne jeweils die jüngste Stufe in unserer Entwicklung als Mensch, damit der früheste Rückgriff auf diese Entwicklungsstufe deutlich wird. Wenn dennoch einige Ausdrücke mehrfach genannt werden, haben sie eine etwas andere Bedeutung, die ich dann erläutere.

Für einen Inneren Säugling sind zum Beispiel so wunderbare Sachen charakteristisch wie: tiefe Gefühle, völlige Hingabe, sich ausliefern, kuscheln, Verschmelzung, eins sein, Energiefluss, romantische Umgebung, sich auflösen, Geborgenheit, verbunden sein; Ekstase und Lebensfreude.

Zu jüngeren Inneren Kindern passt beispielsweise Spaß, spielen, herumtollen, liebhaben* (zusätzlich möglich auch aus Anpassung oder Loyalität, also nicht freiwillig; deshalb wird – auch im Folgenden – eine solche Möglichkeit mit einem Sternchen * markiert), zärtlich sein*, den anderen glücklich machen*, lieben*, sich versöhnen, den anderen zufriedenstellen*, sich der Liebe vergewissern*, unbefangene Kinderfreude, Selbstbefriedigung* (wahrscheinlich aus einer Flucht vor tristem Alltag, also als Anpassung, wie auch: Alltag vergessen*, Ablenkung*), Mitleid*, Pflichtgefühl* (eine spätere »eheliche Pflicht« ist eine Anpassung: Nur ein noch recht junges Innere Kind in einem fühlt sich genötigt, den »ehelichen Pflichten« zu genügen, eine Erwachsene hingegen würde nicht mitmachen), Trost*.

Bei etwas älteren Inneren Kindern kommt vielleicht noch hinzu: Aggressivität ausleben, Grenzüberschreitung, Verbotsüberschreitung, aus dem Kopf kommen*, sich machtvoll erleben, sich einander erregt zeigen, Kraft, Geschenk*.

Bei Innerer Teenagern, ab der Pubertät, schließen sich an: seinem Trieb folgen, innerer Druck, Aggressi-

111

vität ausleben (mit nunmehr der Power eines Teenagers), natürlich auch Grenzüberschreitung und Verbotsüberschreitung (aber dies beides nicht nur mehr spielerisch wie eben, sondern weil es als »prickelnd« erlebt wird und/oder aus Trotz). Ferner Stressabbau* (zum Beispiel von der Schule), Routine, Gewohnheit, Kind zeugen*, sich einander erregt zeigen (nun nicht mehr unbedingt nur als harmloses »Doktorspiel«), aus Mitleid miteinander Sex machen*.

Mehr für die Erwachsenen sind: Energiefluss (zum Beispiel in tantrischer Sexualität), Routine*, Gewohnheit* (im Unterschied zum Inneren Teenager diesmal mit *), Kind zeugen (diesmal ohne *, weil ein wirklich Erwachsener kein Kind aus einer Anpassung heraus zeugen würde; sondern er würde zu dem stehen, was er wirklich will, also zu einem »Ja!« oder zu einem »Nein!«), sich dem anderen ausgeliefert erleben* (falls dies aufgrund eines prickelnden Spieles stattfindet, könnte es auch ohne * sein), stundenlanges Vereinigtsein (zum Beispiel tantrisch).

Und alle Ebenen können sich miteinander vermischen und gleichzeitig bestehen. Dieses alles erst kultiviert den puren Sextrieb, den sonst auch Tiere haben. Menschen hingegen können wählen und dann vielleicht Neues entdecken und genießen. Wobei man nichts »machen« sollte, sondern ich möchte Sie vielmehr ermuntern, dass alles spielerisch »geschehen« könnte.

Was nützt dieses Wissen?

Das Wissen um die Inneren Kinder und deren Bedürfnisse führt dazu, dass man sich selbst und einander
noch besser versteht und damit noch tiefer lieben kann.
Denn das ist der Ausgangspunkt jeder Liebesbezie-
hung: sich selber zu lieben und wertzuschätzen und
dann die Liebe anderen zu geben.

Keinesfalls jedoch sollten diese Ausführungen dazu
verleiten, dass man sich selbst ständig daraufhin beob-
achtet, in welcher Entwicklungsstufe das Innere Kind
sich gerade befindet. Solch ein Beobachten würde jeden
Spaß verderben. Man sollte sich auch nicht davon ab-
halten lassen, dass man vorher als wunderschön erlebte
Begegnungen auch weiterhin genießt.

Diese Unterscheidungen sollen einem lediglich helfen, klarer hinsehen zu können, damit man sich mehr
bewusste Wahlmöglichkeiten verschafft. Wenn das
Paar sich beispielsweise bisher nur vorstellen konnte:
»Wir leben unsere Sexualität spontan!«, könnte nun
eine Ahnung davon erweckt worden sein, dass noch
andere Altersstufen von Inneren Kinder da sind, außerdem Erwachsene, die erfüllendes sexuelles Zusammensein auch geradezu planen können. Die Psychen wollen
sich immer mehr entwickeln.

Wenn Sie ein Reflektieren über sich selbst allerdings
nicht so leicht abstellen können, können Sie vielleicht
ein Spiel daraus machen, zum Beispiel: »Mein Innerer
Teenager möchte sich dir gerne erregt zeigen …« Das
geht natürlich nur in passenden Situationen und selbst-

verständlich nur, wenn auch der Partner die Innere-Kind-Konzepte kennt.

Falls die Situation so ein Spiel gerade nicht möglich macht und dadurch innerlich Druck aufgebaut wird (weil zum Beispiel der Innere Säugling schreit: »Jetzt! Sofort! Auf der Stelle!«), könnte man mit diesem Teil seiner Psyche freundlich sprechen, beispielsweise: »Lieber Innerer Säugling, ich kann dich gut verstehen, dass du sofort Erfüllung willst. Und ich habe dich lieb und sorge für dich …« Erfahrungsgemäß helfen solche Dialoge sehr gut, mit ein wenig Übung sogar schon in Sekundenschnelle. Dann ist in diesem Beispiel der Innere Säugling zufrieden und man braucht den Wunsch nicht mehr auszusprechen und ihm nicht unmittelbar nachkommen.

Zwar machen Erwachsene auch häufig Sex, um den Alltag zu vergessen oder zur Ablenkung. Doch solch ein Zweck ist einem »erwachsenen« Sex wohl kaum wirklich angemessen. Es geht bei diesen Verhaltensweisen eher um Kompensation; solche Manöver sind eher der Abwehr zuzuschreiben als einem Erwachsenen. Deswegen habe ich diese Möglichkeiten sexuellen Erlebens früheren Einwicklungsstufen zugeordnet. Denn ein Erwachsener würde dafür sorgen, dass er nicht in Stress kommt oder den Kopf zu voll hat, und damit gäbe es für ihn auch keinen Grund, etwa den Alltag zu vergessen oder Ablenkung zu suchen. Falls jemand Sexualität vor allem lebt, um sich zum Beispiel mehr spüren zu können oder damit er sich lebendiger fühlt und dadurch den Alltag vergessen kann, können ihm diese Ausführungen als Hinweis dienen, dass das Potenzial noch nicht ausgeschöpft ist.

Viele Männer haben mitunter Probleme, wenn sie »nur kuscheln« sollen, weil »nur kuscheln ja kein richtiger Sex« ist. Das geht oft auf in der Erziehung geprägte Glaubenssätze zurück: »Gefühle (und damit auch Kuscheln) sind nur was für Frauen. Richtige Männer mögen es lieber hart!«

Aber auch Männer sollten vielleicht nicht vorschnell gemäß dem Inneren Teenager agieren und einfach »Sex machen«, wenn vielleicht ein Bedürfnis aus früheren Kindheitsstufen hochkommen will. Ja, auch Männer wollen in den Arm genommen werden und haben ein Bedürfnis zu kuscheln und ähnliche bei manchen als »weibisch« geächtete Bedürfnisse! Würde der Mann dann einfach Sex machen, würde er ja das eigentliche Bedürfnis des Inneren Kindes nach Anlehnen und Kuscheln überdecken und damit abwehren. Denn was hat ein Kind mit genitalem Sex am Hut? Gar nichts. Und so würde das Innere Kind über die Jahre vielleicht immer wütender werden, weil seine eigentlichen Bedürfnisse vom Erwachsenen gewohnheitsmäßig gar nicht mehr wahrgenommen werden.

Sinnvoller wäre es vielmehr, in diesem Fall als Erwachsener für das Innere Kind zu sorgen und vielleicht dann einmal »nur« beim Kuscheln zu bleiben. Und vielleicht hat es dann auch mal genug gekuschelt, und es könnte sich etwas anderes entwickeln.

Andersherum gilt Ähnliches: Wenn man fast immer vor allem kuscheln will, könnte dies darauf hinweisen, dass man vielleicht in einer früheren Entwicklungsstufe mehr oder weniger stehengeblieben ist. Dann kann der andere Partner, der ständig »mehr« will, ein Anstoß zu einem positiven Wachstum werden. Wir erinnern uns: Gegensätze ziehen sich an, hier hat man sich vielleicht einen Partner gewählt, der »mehr« will als »nur kuscheln«. Und man sollte diese Herausforderung seitens des eigenen Unterbewusstseins weiter zu wachsen annehmen, weil in einem selbst schon das Potenzial dazu liegt und auf Entfaltung wartet.

Bei einem Inneren Säugling ist es angemessen, nur zu fühlen, beispielsweise die Wonnen der Verschmelzung mit dem anderen. Damit das besser gelingt, ist es möglicherweise auch angemessen, die Augen zu schließen. Wenn man hingegen als Innerer Teenager die Augen schließt, ist man oft in Fantasiegedanken: was für Fantasien hatten wir nicht alles damals als Teenager! Diese Gedanken sind allerdings selten im Hier und Jetzt, man sondert sich eher innerlich von der Gegenwart ab. Das Resultat könnte dann im Grunde genommen eher eine Selbstbefriedigung für sich allein sein, auch wenn der andere mir zu einem Höhepunkt verhilft. Bewerten Sie für sich selbst, ob das für Sie angemessen erscheint. Wenn man den anderen hingegen an seinen Fantasien teilhaben lässt, bringt man diese in das Paargeschehen ein. Das kann eine belebende Variante sein, wenn sie beiden gefällt.

Ein Erwachsener aber würde eher selten die Augen schließen und sich nicht um sehr schöne und intensive Gefühlserlebnisse bringen, die entstehen können, wenn beide sich in die Augen sehen. Manchmal jedoch können solche Gefühle übermächtig sein, es kann »zu nahe« werden, sodass Sie lieber die Augen schließen möchten. Wenn Sie wollen, können Sie vielleicht im

Laufe der Zeit Ihre inneren Grenzen immer mehr erweitern und immer mehr auch intensive Nähe zulassen.

Sogar kompliziert scheinende innere Impulse können mithilfe der Inneren-Kind-Teile entschlüsselt werden. Ein Klient erzählte mir, dass er einmal mit seiner Frau gerade wonnig »verschmolzen« gewesen war. Und dann schoss ihm mitten im Erleben dieses wonnigen Gefühls des Inneren Säuglings plötzlich ein anderer Gedanke durch den Kopf, nämlich der nach frivolem Sex. Denn alle unsere Anteile haben immer irgendetwas zu dem zu sagen, was sich gerade ereignet. Statt diesen Vorschlag seines Inneren Teenagers mithilfe seines Erwachsenen noch zurückzustellen, wollte er ihn gleich umsetzen und sprach seinen Wunsch aus. Die Folge war, dass seine Frau äußerst irritiert und frustriert war, völlig aus der Bahn geworfen wurde und dann beide an dem Tag nicht mehr zueinanderfanden.

Das Wissen um unsere Inneren Kinder kann uns also auch dabei helfen, uns besser in den Partner einzufühlen, zu verstehen, wo er gerade ist, damit solche Pannen möglichst nicht passieren.

Aus diesem Beispiel kann man eine »Goldene Regel« lernen: Man sollte nicht alles sofort sagen oder machen, was einem von einem Inneren-Kind-Teil in den Sinn kommt, sondern sich lieber am gemeinsamen Fluss orientieren.

Dabei sollte man nicht allzu überrascht sein, wenn vielleicht alle paar Minuten andere Wünsche aufkommen. Das ist nur natürlich; Kinder möchten mal dies und im nächsten Augenblick jenes. Und wenn der Erwachsene gelernt hat, auf seinen Partner und auf seine Inneren Kinder liebevoll zu achten, dann wird immer wieder neu ein gemeinsamer innerer Fluss entstehen.

Wenn Sie als Paar vielleicht Partnertausch erwägen oder schon machen, dann könnten unterschiedliche Gründe eine Rolle spielen. Vielleicht hat sich eine Routine eingeschlichen, und das Paar erhofft sich eine Wiederbelebung des Sexuallebens. Oft geistert sogar eine entsprechende Überzeugung bei Paaren herum, dass Partnertausch der Beziehung guttun würde. Weit gefehlt! Die Risiken und Nebenwirkungen können gar nicht hoch genug beurteilt werden; meist überschätzt man sich beträchtlich, sodass sehr viele Paarbeziehungen deshalb schon auf der Strecke geblieben sind. Meine Empfehlung an dieser Stelle ist, dass man sich als Paar einige Abende Zeit nimmt, an denen man sich die überaus empfehlenswerten Filmbeiträge der Hamburger Sexologin Ann-Marlene Henning[13] anschaut und darüber spricht: www.make-love.de. Da finden Sie viele Tipps, mit denen Sie Ihre erotische Beziehung wieder neu beleben können – ohne Risiken und Nebenwirkungen.

Betrachten wir noch die möglichen inneren Bedürfnisse, wenn ein Paar ein »gleichgesinntes« sucht, besonders wenn ein deutlich jüngeres Paar sich mit einem älteren zum Sex zusammentun will. Da spielt unterbewusst oft eine Suche nach Erlaubnissen eine Rolle. Vermutlich musste das jüngere Paar mit einer rigiden Sexualmoral aufwachsen, und es will die internalisierten elterlichen Verbotsfesseln sprengen und auf diese Weise endlich Grenz- und Verbotsüberschreitungen wagen. Dabei wird eine Befreiung durch Außenstehende gesucht, doch eine solche Befreiung ist einzig und allein ein innerer Vorgang, nämlich eine Befreiung von den Inneren Eltern. Für diesen inneren Vorgang liegen alle Potenziale bereits in einem selbst; man braucht also keine Erlaubnisse von fremden Partnern. Zudem ist das Risiko für ein Fiasko besonders hoch, weil man sich eben noch nicht von den Inneren Eltern gelöst hat. Man wird also auf das Geschehen eher wie ein rebellischer Teenager reagieren, und einem Teenager sollte man als Erwachsener besser nicht das Steuer seines Liebeslebens in die Hand geben.

Wenn ein Paar hingegen nach Sex »ohne Anlaufzeit« sucht, ist oft wenig Herz mit im Spiel. Vielmehr will der Innere Teenager sich ausprobieren, und dann wird vielleicht immer weiter und noch mehr gesucht – noch mehr »fremde Haut«, noch mehr dies und noch mehr das. Und weil man sich im Laufe der Jahre an solche Reize gewöhnt, muss man sich dann mit immer bizarreren Dingen aufputschen. Dann ist man auf der Stufe eines Inneren Teenagers stehen geblieben, und man wird sich kaum weiterentwickeln, solange man in derselben Entwicklungsstufe sucht. Ein erster Schritt aus dieser Falle könnte sein: Weniger ist mehr! Man sollte also wieder in ein langsames Genießen kommen. Wenn jedoch vielleicht über Jahrzehnte solche Abläufe eingeübt wurden, kann ein solches Muster möglicherweise nur mithilfe eines Sexualtherapeuten überwunden werden.

Es würde den Rahmen dieses Buches sprengen, wenn ich auf Praktiken wie Promiskuität, Sado-Maso und weitere Rollenspiele mit unzähligen Varianten ausführlicher eingehen würde. Aber speziell Interessierte können sich das mit einigem Nachsinnen auch selbst herleiten, in welche Entwicklungsstufen diese Praktiken am ehesten hineinpassen. Zu solchem Sich-Erforschen möchte ich ermuntern, denn da kann man zu verblüffenden und für die eigene Entwicklung hilfreichen Ergebnissen kommen. Ein Beispiel aus meiner Praxis: Ein Klient suchte gelegentlich ohne Wissen seiner Ehefrau ein Bordell auf. Als er dann nachempfand, was genau er denn dort suchte, war nach einigem Einfühlen die Überraschung groß. Er sagte nämlich, dass für ihn eigentlich nur das so freundliche Willkommen zählte, mit dem ihm die Damen entgegenkamen, wenn er das Haus betrat. Für ihn bedeutete das, dass er nach Hause käme und endlich mal erwünscht sei. So hatte er sich Nachhausekommen zumindest bisher vorgestellt, denn er hatte seine damalige Familie lediglich recht kalt erlebt. Sein Inneres Kind hatte also eigentlich nur Wärme und Mütterlichkeit, ein Daheim gesucht!

Wenn Sie mögen, stellen Sie sich doch auch diese Frage: »Was genau ist es, was ich finden will, wenn ich ...? In welchem Alter sind wohl die Inneren Kinder, die ich damit erreichen will? Was bedeuten meine Wünsche also?«

An der Fragestellung haben Sie gemerkt, dass ich keine ganz erwachsenen Teile voraussetze, jedenfalls nicht ausschließlich. Denn wie ich schon anfangs in diesem Kapitel schrieb: Wir schöpfen meistens unsere innewohnenden Potenziale nicht aus, sind also in unserer Sexualität noch nicht ganz »erwachsen«. Statt also vielleicht Jahre oder gar Jahrzehnte damit zuzubringen, sich in solchen Szenarien zu verlieren und irgendwann festzustellen: »Das ist ja gar nicht, was ich suchte!«, kann man in sich gehen und sich zum Beispiel die eben genannten Fragen beantworten. Dann wird man wahrscheinlich erkennen, dass es noch viel Wunderschönes zu entdecken gibt.

Affären

Die tieferen Probleme von »Affären«

Eine Anmerkung vorweg: Wörter wie »Affäre«, »Geliebter«, »Betrogener«, »Fremdgehen« und so weiter gebrauche ich nur mangels anderer griffiger Bezeichnungen; keinesfalls soll eine moralische Wertung mitschwingen. – Und wie immer in diesem Buch sind Männer wie Frauen gemeint, auch wenn ich nur die männliche Form gebrauche.

Affären sind ein Tummelplatz für Innere Kinder aller Altersstufen. In einer Affäre bekommt man ja – ähnlich wie beim Verlieben – Aufschluss zu Fragen wie:

- Werde ich durch den anderen mit Liebe, Nähe und Zuwendung versorgt? Das ist eine lebenswichtige Frage des Inneren Säuglings, vielleicht sogar des Inneren Fötus, weil beide ja ganz und gar hilflos und damit angewiesen sind auf eine Zufuhr, auf Zuwendung von außen.
- Werde ich vom anderen geliebt? Das ist eine Frage des Inneren Säuglings sowie des jüngeren Inneres Kindes.
- Kann ich mir des anderen sicher sein? Steht er oder sie zu mir? Das ist ein elementares Bedürfnis, das

vielleicht besonders wichtig ist für Menschen, die Störungen in der Säuglings- oder Kleinkindzeit erfahren haben, wenn da beispielsweise die Mutter keineswegs als zuverlässig erlebt wurde.

- Werde ich bestätigt, anerkannt durch den anderen? Ein Inneres Kleinkind fragt so zum Beispiel die Mutter: »Mutti, hab ich das nicht gut gemacht?«

- Werde ich es schaffen, den anderen rumzukriegen, ihn oder sie zu verführen? Das können schon etwas ältere Innere Kinder sein, die früher etwas leisten mussten, um anerkannt zu werden. Oder es fragen Innere Teenager oder Heranwachsende, die sich geradezu einen Sport daraus machen, mit dem anderen rasch ins Bett zu fallen, und ihn dann vielleicht ebenso rasch wieder fallen lassen.

- Oder möchte ich mich durch eine Affäre »ausdrücken«, »mich selbst verwirklichen«? Dies weist vielleicht auf ein noch nicht richtig erfülltes Bedürfnis des Inneren jungen Erwachsenen kurz nach der Pubertät hin, also als Selbstfindung: »Wer bin ich?«

- Öfters jedoch wird es als »nur Sex« deklariert, und das sei »ohne Bedeutung für die Paarbeziehung«. Daraus spricht nicht unbedingt der wirklich Erwachsene, sondern eher noch ein Sich-Ausprobieren, ist also wohl noch Selbstfindung wie im vorigen Beispiel.

- Manche Paare vereinbaren unausgesprochen oder auch ausgesprochen, dass sie einander auch sexuelle Freiheiten mit anderen zugestehen. Dies war besonders während und nach der »sexuellen Revolution« in den 1960er und 70er Jahren üblich. Auch heute fühlen sich Menschen manchmal zu mehreren Partnern gleichzeitig hingezogen. Ich höre durchaus gelegentlich von »offenen Modellen«, die auch über längere Zeit funktionieren. Aber intakte Liebesbeziehungen zwischen mehreren sind nach meiner Erfahrung äußerst selten; weit öfter erlebe ich Klienten, die sich hinsichtlich ihrer Haltungen und Fähigkeiten, mit solcher sexueller Freiheit umzugehen, falsch eingeschätzt haben.

Zu bedenken ist, ob man sich vielleicht – natürlich unterbewusst – vor Wachstumsschritten scheut, wenn man nach solchen Modellen lebt; zu denken wäre da an ein Inneres Kind, das sich dann nicht ängstigen muss, dass es jemandem zu nahe kommen müsste. Denn auch überaus tiefe ekstatische Begegnungen mit sehr viel Nähe müssen ja nicht mit nur einem einzigen Partner stattfinden; sobald es bei dem einen zu nahe wird, ist dann ein Wechsel angesagt.

Oder man ist auf einem relativ niedrigen Level von Nähe und es prägt vor allem der Innere Teenager, der sich ausprobiert, das Miteinander.

Selten wird das Verbotene, die Heimlichtuerei zum prickelnden Motiv: »Wir haben zusammen ein Geheimnis! Das ist ganz aufregend!« Man merkt dabei manchmal direkt Innere Kinder beispielsweise in spätem Kindesalter. Da gibt es viel Geheimniskrämerei, besonders unter Mädchen.

Auf Dauer jedoch werden die Heimlichkeiten meistens als sehr belastend erlebt. Und in meiner Arbeit mit Paaren ist schon ab und zu vorgekommen, dass ein Fremdgegangener diese Bürde herausstellte, um zu zeigen, wie sehr auch ihn »das die ganze Zeit über belastet« hatte. Das kam aber bei dem Betrogenen nie gut an.

Vielmehr sollte man als Erwachsener spätestens dann ohne Ausreden zu seinen Taten stehen, wenn die Affäre aufgeflogen ist. Und der Erfahrung nach fliegt die Affäre in den allermeisten Fällen früher oder später auf.

Gar nicht selten höre ich in der Paartherapie glaubhaft Aussagen wie: »Ich wollte es gerade gestehen, da ist alles rausgekommen!« Denn oft bringen Rachegelüste des zu lange hingehaltenen Geliebten, anonyme Hinweise von Unbekannten oder ein offener Hinweis von dem betrogenen Partner des anderen, der seinerseits dahinterkam, die Affäre ans Licht. Es kommt auch vor, dass das Innere Kind des Fremdgegangenen selbst dafür sorgt, dass es ertappt wird, zum Beispiel indem das Tagebuch oder verräterischer E-Mail-Verkehr scheinbar zufällig dem Betrogenen in die Hände fällt. Das Unterbewusstsein macht jedoch nichts zufällig: Das unterbewusste Motiv könnte sein, dass das Verheimlichen ein seelischer Energiefresser ist, und zwar sowohl der eigenen Energie wie auch der Paarenergie. Schuldgefühle machen ein Übriges, und das alles wollte das Innere Kind nicht mehr – und dann wurde das Tagebuch einfach offen liegen gelassen.

Als Paartherapeut kann ich aus leidvoller Erfahrung mit Klienten nur zu früher Offenheit raten, und dann sollte alles und bloß nicht häppchenweise erzählt werden: »Wenn ich Mama und Papa nur das zugebe, was sowieso schon herausgekommen ist, dann werden sie vielleicht nicht allzu böse sein. Weil das ja nicht so schlimm ist wie das, was ich noch nicht gesagt habe!« So ähnlich läuft ein innerer Dialog in einem ängstlichen kleinen Kind ab. Für ein Kind klingt das logisch, für Erwachsene hingegen ist das keineswegs nachvollziehbar. Es kommt meistens ohnehin alles raus, und bei einem häppchenweisen Gestehen glaubt einem der Partner zuletzt meist gar nichts mehr, und das kann man ihm auch nicht verdenken.

Ich rate also zu einer für den Fremdgegangenen schonungslosen Offenheit. Der Betrogene will in der Regel tatsächlich gar nicht geschont werden: Diese fälschliche Annahme wird oft auf den ahnungslosen Partner projiziert; dahinter steht aber, dass der Fremdgeher sich – unterbewusst – nur selbst schonen will.

Hüten sollte man sich allerdings vor einer Beichte, die nur zur Entlastung des eigenen schlechten Gewissens dienen soll. Denn bei einer so motivierten Offenlegung ist meist kein Erwachsener präsent: »Ich habe was Böses angestellt, aber ich habe das ja nun gesagt, also bitte, bitte, sei mir wieder lieb!« Was sollte dabei an Nützlichem für die Beziehung und die beiden Partner herauskommen? Vielmehr sollte man Klartext reden: »Schatz, ich will dir was sagen. Ich bin nämlich aus der Beziehung gelaufen. Aber dich allein liebe ich – was machen wir jetzt?« Wichtig ist dabei die Formulierung: »ich will dir was sagen«, nicht: »ich muss«; denn aus »ich muss« würde ein Inneres Kind und nicht der Erwachsene sprechen.

Ebenfalls nicht erwachsen ist es, wenn man das Ganze verharmlost, indem man sich – und nachdem es aufgeflogen ist auch dem Partner – einredet, das sei ja kein richtiges Fremdgehen, sondern nur Sex gewesen. Man glaubt demnach, wenn man nur nicht richtig zu dem Problem hinguckt, dann existiert es auch in dem Moment nicht. Eine solche Erfahrung macht man gewöhnlich in einer ganz frühen Kindheitsphase beim spaßvollen Guck-Guck-Spielen, bei dem das Kleinkind die Händchen vor die Augen hält und dann die Mutter für das Kind in dem Augenblick nicht mehr existiert. Hingegen sollten wir uns angemessen zur heutigen Entwicklungsstufe als Erwachsene offen den Problemen stellen.

Es wird auch oft argumentiert, man habe es ja sagen wollen, habe aber nicht den richtigen Zeitpunkt finden können. Auch hier ist ein sehr ängstliches Inneres Kind unübersehbar: »Ich habe mich nicht getraut, ich hatte solche Angst vor der Reaktion!« Diese wird nicht besser ausfallen, wenn man abwartet, im Gegenteil.

Doch um das alles klar sehen zu können, muss erst der Erwachsene wieder zu sich kommen, also der Erwachsene statt der Inneren Kinder aktiv einschreiten, und das geschieht nicht oft in solchen emotional hoch aufgeladenen Situationen. Häufiger entschwindet der Erwachsene, lässt das Innere Kind im Stich und taucht ab. Und dann kann einem »das Ganze wie ein Rausch« vorkommen, wie »in Trance«, wie manche Klienten mir später in der Paararbeit erzählen. Das ist verständlich, weil ja gewissermaßen kein Erwachsener mehr vorhanden ist. Sehr viel später kommt dann oft ein böses Erwachen des Erwachsenen.

Leider sind nicht alle Menschen jederzeit in der Lage, erwachsen Verantwortung für sich selber und seine Handlungen zu übernehmen. Jedoch wie reale Kinder und Jugendliche eine liebevolle, bestimmte Leitung für ihr Leben brauchen, so brauchen dies auch die Inneren Kinder und Inneren Jugendlichen. Stattdessen überlassen manche Erwachsene ihre Inneren Kinder sich selbst und sehen tatenlos und hilflos zu.

Nur ein reifer Erwachsener redet frühzeitig Klartext. Doch dieser hat wahrscheinlich gar keinen Anlass fremdzugehen, denn sobald etwas in der Beziehung schräg laufen würde, würde er es ansprechen. Notfalls würde er den anderen auch verlassen, wenn dieser sich nicht entwickeln will oder die beiden Lebenskonzepte nicht mehr zueinander passen. Es sind also in der Regel Innere Kinder aller Altersstufen, die einen fremdgehen »lassen«, allenfalls noch nicht ausgereifte Erwachsene.

Diese Sichtweise kann sich nützlich erweisen bei der Frage, die stets als Erstes gestellt wird: »WARUM? Warum hast du das gemacht?« Die Frage muss gar nicht unbedingt vorwurfsvoll gestellt sein; man will aber Klarheit über das Geschehen. Diese Frage ist selbstverständlich für den Betrogenen, aber sehr gefürchtet von dem Fremdgegangenen. Nach meiner Erfahrung weiß der darauf selten eine Antwort, und das ist natürlich für den betrogenen Partner äußerst unbefriedigend.

Es kann sein, dass der andere sich hinter seinem Nichtwissen verstecken will. Aber ebenso kann es sein, dass der Betreffende es wirklich nicht weiß. Schließlich läuft so vieles im Unterbewusstsein ab, dass Motive für das eigene Verhalten nicht so schnell ins Bewusstsein gelangen, wenn überhaupt.

Zudem höre ich in meiner Arbeit mit Paaren bei Affären sehr oft Aussagen wie: »Ich hätte nie gedacht, dass mir jemals eine Affäre passieren würde!« Das wird auch so gemeint, das Unterbewusstsein hat jedoch die Weichen anders gestellt – allerdings, so stellt es sich in der Paararbeit dann heraus, immer erst nach einer Reihe von schwächeren Warnsignalen, die aber stets übergangen wurden.

Ich habe in der Paartherapie auch oft Fälle, in denen Sexualität keine oder nur eine sehr untergeordnete Rolle spielt, wo etwa das Reden und Verstandenwerden im Vordergrund stehen und in denen der andere sich dennoch »hintergangen« und »betrogen« fühlt. Die Frage lautet dann: »Warum hat er das nicht mit mir gemacht?« Die Betroffenen fühlen sich also von etwas ausgeschlossen, das der Partner mit jemand anderem lebte.

Dies weist auf einen sehr wichtigen Aspekt des Fremdgehens hin: Das Problematische ist weniger, was jemand mit einem Dritten tut, als vielmehr, dass dadurch die energetische Verbindung zwischen den Partnern gestört, ausgedünnt oder unterbrochen wird. Das ist selbst dann der Fall, wenn der Fremdgehende meint, dass man sich dem Partner gegenüber doch noch genauso verhalte und vielleicht auch noch genauso empfinde wie vorher.

Was also tun bei einer Affäre?

In den meisten Fällen ist es hilfreich, wenn nicht vorschnelle Schritte gegangen werden, also weder sofort eine Trennung erfolgt noch versucht wird, das Geschehene ungeschehen zu machen: »Es war ein Ausrutscher, lass uns weitermachen wie bisher.« Denn zu dem, wie es vor der Affäre war, kann man nicht mehr zurückkehren. Und selbst wenn man es könnte, wäre ein erneuter Crash vorprogrammiert, weil ja offensichtlich schon länger etwas schief lief und noch immer schief läuft. Sei es, dass der eine Partner viel zu wenig Zeit für die Paarbeziehung hatte (nicht selten im Kampf um den Erhalt des Arbeitsplatzes), sei es, dass Langeweile miteinander eintrat, sei es, dass man unbewusst elterlichen Vorbildern nachlebt: Welche Hintergründe auch immer es gibt, eine Affäre ist nur eine Ausdrucksform dafür, dass die energetische Verbindung der Liebe zwischen beiden bereits vorher schwächer geworden war.

Werden die tieferen Hintergründe erkannt, kann gemeinsam aus dem Geschehen gelernt werden. Sogar wenn es keinen gemeinsamen Weg mehr gibt, kann man durch das Lernen ein Wiederholen alter Fehler vermeiden.

Es gibt jedoch durchaus Möglichkeiten, wieder zusammenzufinden. Ich habe von Paaren schon oft Sätze gehört wie diesen: »Irgendwie ist es auch gut, dass das passiert ist! Wir sind dadurch wach geworden und haben eine zweite Chance für unsere Beziehung bekommen.«

Wie bei einer Affäre eine Therapie sinnvoll sein kann

Voraussetzung für eine sinnvolle Therapie ist natürlich Offenheit darüber, ob die Affäre wirklich beendet ist oder in welcher Art eventuell noch Kontakt besteht. Wenn man einen Neuanfang miteinander machen will, muss man den »Seitenweg« beendet haben. Man kann nicht oder nur äußerst mühsam auf zwei Wegen gleichzeitig gehen, weil man nicht zugleich seine ganze Kraft sowohl für die eine als auch für die andere Beziehung einsetzen kann. Wenn man während der Therapie noch darüber lügt, ist das besonders schwerwiegend. Der betrogene Partner empfindet ohnehin ein Belogenwerden meist als viel schlimmer als das eigentliche Fremdgehen.

Ein therapeutischer Weg könnte folgendermaßen aussehen: Man würde mit beiden Partnern erarbeiten, wie beide über die Jahre oder Jahrzehnte dazu beigetragen haben, dass sie jetzt an dieser Stelle stehen. Meistens geht es dabei um gravierende Kommunikationsprobleme:

- Man traute sich nicht, über bestimmte Themen zu reden.
- Darüber war man sich gar nicht richtig bewusst oder man hatte es verdrängt (siehe dazu auch das Kapitel »Phasen in Paarbeziehungen«).
- Oder man hatte die schwierigen Themen sogar angesprochen, dabei aber – wie nun offensichtlich wurde – nicht die nötige Klarheit erreicht, sodass es nicht zu einer dauerhaften Änderung geführt hat.

Bei der Paararbeit sollten, so schwer es zunächst scheinen mag, auch die schönen Erfahrungen, die der

Fremdgegangene gemacht hat, ernst genommen werden. Dabei sollten die (wieder?) kennengelernten Sehn-
süchte, Wünsche und Gefühle herausgearbeitet werden,
die vielleicht in der Partnerschaft verloren gegangen
waren. Dann kann man Wege finden, um sich vielleicht
wieder miteinander für beide ähnlich Schönes zu erschließen.

Ebenso sollten alle Gefühle des Betrogenen, Schmerz,
Angst vor Wiederholungen, Ärger, Wut, Verzweiflung
und Scham etc., ihren Raum bekommen, damit sie nicht
in den Untergrund, ins Unterbewusste, verbannt werden. Da würden sie weiterwirken und letztlich eine
wirkliche Heilung der Person sowie eventuell der Paarbeziehung verhindern. Und es sollte dem Betrogenen
auch Raum gegeben werden für ein neues Entdecken
der eigenen Wünsche an eine eventuelle »neue alte«
Partnerschaft.

All dies ist meiner Erfahrung nach nur möglich durch
Arbeiten an den eigenen Lernaufgaben. Das bedeutet
beispielsweise für den Fremdgeher zu erkennen: »Was
ist mein Anteil daran, dass die Begeisterung in meiner
Partnerschaft verloren gegangen ist, sodass ich sie wo-
anders (vielleicht nicht suchte, aber) fand? Konnte ich
zum Beispiel meine Wünsche nicht deutlich genug ausdrücken?« Das wäre dann zu erlernen. Ebenso sollte
derjenige, der eine Affäre hatte, seinen anderen zentra-
len Lebensthemen nachgehen, zum Beispiel: »Warum
habe ich mich nicht wichtig genug genommen?«

Für den Betrogenen stellen sich Fragen wie zum Beispiel diese: »Warum habe ich meiner Wahrnehmung

nicht getraut? Und warum habe ich nicht schon vor der
Affäre gemerkt, dass unsere Beziehung nicht wirklich
funktioniert?« – Zu lernen wäre also zum Beispiel, auf
sich und die Partnerschaft besser zu achten und damit
ebenfalls entsprechende Lebensthemen zu ändern.

Ich möchte Mut machen, sich seinen Themen und
der Situation zu stellen – für viele hat es sich als sehr
lohnend erwiesen.

Sind all diese Aufgaben bewältigt, sollte ein Abschluss-
ritual diese Zeit beenden und neuen Begegnungen miteinander Raum schaffen. Dadurch verdeutlichen die
Partner sich selbst und einander: Wir gehen einen
neuen Weg und können uns wieder aufeinander verlassen. Das muss nicht bedeuten, dass es nie mehr
schmerzt. Aber es ist erledigt und man weiß es und
kann es fühlen. Dazu müssen beide Partner neue Seiten
in sich erschlossen haben. Vielleicht werden sie dadurch wieder ähnliche Gefühle miteinander erleben
wie beim ersten Verliebtsein. – Einen Vorschlag für ein
Ritual dazu finden Sie im Anhang im Abschnitt »Miteinander reden: Ein Verzeihungsritual«.

Es kann auch Sinn machen zu sehen, dass die in der
Paararbeit neu erkannten Seiten keinen Platz mehr in
einem gemeinsamen Weg finden. Dann wäre ein würdi-
ger Abschied für beide hilfreich, sodass sie nicht noch
jahrelang innerlich in Schmerz oder Schuldgefühlen an-
einanderhängen, auch wenn sie vielleicht schon längst
geschieden sind.

Von leiblichen und Inneren Kindern

Wenn Paare Eltern werden, können mancherlei Probleme auftreten. Ein Beispiel: Bei der Frau verändert sich der Körper, und mit ihrem Bauch wachsen Freude und Stolz oder – und das kommt gar nicht so selten vor – Selbstablehnung. Wenn sie (mehr kindhaft) großen Wert auf Bestätigung von außen legt, will sie sich immerzu der Liebe des Mannes vergewissern: »Liebst du mich auch mit einem so dicken Bauch?« Und es ist natürlich geradezu fatal, wenn der Mann herumdruckst oder gar offen sagt, dass sie ihm nicht mehr gefällt. Dabei sollte er sich doch im Klaren darüber sein, dass er das verursacht hat, aber manche Männer verleugnen das aus nicht eingestandener Scham oder Schuldgefühl. Auch da ist es für beide lohnend, den tieferen Gründen nachzuspüren.

In den werdenden Eltern können auch unterbewusst Vorgefühle dazu aufkommen, dass die Zeit nun endgültig vorbei ist, in der man selber Kind war; stattdessen wird man Erzieher eines eigenen Sprösslings! Falls in der Kindheit nicht genügend Selbstvertrauen angelegt wurde, kann man entweder die Herausforderung annehmen, Devise: »Nun erst recht!«, oder sich vor der neuen Aufgabe drücken, was auch häufig vorkommt. Als unterbewusste Losung kann da zum Beispiel aufblitzen: »Du kannst das noch nicht, du bist noch zu klein dazu!« Dieser oder ähnliche meist elterliche Sprüche können direkt in Resignation, Depression, innerlichen Ausstieg, Rebellion oder Ähnliches führen. Das muss in der heutigen Realität der Erwachsenen zu Konflikten führen.

Wenn die gewordene Mutter bei ihrem Mann Unterstützung einfordert, kann das weitere Probleme bereiten: Der Mann sieht möglicherweise vor seinem geistigen Auge seine eigene Mutter von damals, die etwas verlangt, und schon läuft bei ihm eventuell ein unterbewusster Film ab: »Das ist ja wie bei Mutter! Ich habe Angst/werde wütend/werde ganz klein, damit sie mich nicht sieht ...« – entsprechend der Reaktion von früher.

Und die frischgebackene Mutter kann ihrerseits in ihre Kindheit zurückfallen: »Genauso wie damals! Papa hat sich auch nie gekümmert!«

Es kann sogar zu einer Konkurrenz zwischen dem realen Kind und dem Inneren Kind kommen. Typische Signale dafür sind beispielsweise Sätze wie diese: »Wie erziehst du bloß unser Kind? Du verziehst es ja! Das darf Dinge, die ich selber damals überhaupt nicht durfte!« Oder: »Du bist in der Erziehung viel zu lasch/ viel zu streng!« Das können unterbewusste Chiffren für »Wie gehst du mit meinem Inneren Kind um?« sein.

Nachdem die Partner Vater oder Mutter geworden sind, sollten sie allmählich auch wieder »Paar« werden. Andernfalls könnte der Mann auf das Kind eifersüchtig werden, weil es so viel Zuwendung bekommt von der Frau. Seine Inneren Kinder begehren vielleicht auf: »Das Baby bekommt viel mehr als ich! Ich will auch beachtet werden!«

Und die Frau ihrerseits könnte denken: »Bin ich ihm nur noch als Mutter seines Kindes wichtig, nicht mehr als Frau?«, und sie könnte ihrerseits das Kind als Konkurrenz zu ihrem Inneren Kind erleben.

Wenn solche Gedanken formuliert werden, kann man in ein konstruktives Gespräch darüber kommen; wenn sie hingegen unterbewusst bleiben, kann eine ganze Kaskade aus Schmerz, Angst, Wut, Abwehr, Resignation, Scham losgehen.

Besonders wenn es in der Partnerschaft schon kriselt, sollten Sie als Mutter nicht der Versuchung erliegen, sich die möglicherweise fehlenden Zärtlichkeiten beim Kind zu holen. Dies geschieht – natürlich meistens auch nicht bewusst – häufig, und daraus können schwerste Schäden für das Kind entstehen; der deutliche Begriff dazu lautet: emotionaler Missbrauch. Und zudem entstehen möglicherweise auch irreparable Schäden an der Paarbeziehung.

Der Ausweg ist immer: miteinander reden! Lesen Sie die Vorschläge dazu im Anhang im Abschnitt »Miteinander reden«.

Von Haustieren und Inneren Kindern

Genauso wie leibhaftige Kinder zu Konkurrenten für die Inneren Kindern werden können, werden mitunter auch Haustiere als Ersatz gebraucht oder gar missbraucht. Haustiere können auch Partnerersatz oder Kinderersatz sein. Im ersten Fall gibt man die Liebe, die man dem Partner vorenthält, dem Haustier. Das scheint

»ungefährlicher« zu sein für das eigene Innere Kind, das vor dem Partner vielleicht unterbewusst Angst hat. Und es kommt vor, dass die betreffende Person auf die Idee kommt, mit dem Haustier auch sexuell zu verkehren.

Ist das Tier Kindersatz, behandelt man es vielleicht wie ein leibliches Kind, hegt, pflegt und verwöhnt es gar noch mehr als ein Kind. Auch dies führt meist nicht zu einer artgerechten Tierhaltung, und das betreffende Haustier ist natürlich ein Spiegel für das eigene Innere Kind. Dieses sagt indirekt durch die Pflege des Haustiers: »Hab mich doch endlich auch mal lieb! Nimm mich doch endlich auch mal wichtig!«

Trennungen

Trennungen werden oft als unendlich schmerzhaft erlebt, besonders wenn der eine von beiden noch immer verliebt ist oder wenn eine längere und tiefe Beziehung zu Ende geht, sei es durch Tod, Trennung oder Scheidung. Die Inneren Kinder melden sich dazu alle und, je nach Vorerfahrungen aus der eigenen Biografie wie auch der gemeinsamen Geschichte als Paar, in unterschiedlichster Intensität.

Vielleicht hatte man, allein oder sogar miteinander, schon mal mit dem Gedanken an eine Trennung gespielt. Vielleicht hatte man sich sogar schon mehrmals getrennt, dann aber sich und dem anderen »eine allerletzte Chance« gegeben. Die Situationen sind da überaus unterschiedlich. Im Folgenden werden einige häufig auftretende Situationen mit Blick auf die Prozesse bei den Inneren Kindern untersucht. Die Gefühle treten dabei meist in der ganzen Bandbreite von Schmerz bis hin zu Scham auf.

»Ich bin so unendlich traurig!« – Schmerz ist natürlich angebracht. Wenn man sich jedoch immer mehr in den Schmerz hineinbegibt, beispielsweise durch immer detaillierteres Erinnern, dann kann es geschehen, dass man sich selbst immer weiter hinunterzieht. Bei allem Verständnis für den Verlust ist es ein enormer Unterschied, ob man trauert oder ob man völlig verzweifelt ist, weil einem vermeintlich der Lebenssinn abhandengekommen ist. Während das Erstere völlig normal ist und sich eine Trauerzeit über ein Jahr oder länger hinziehen kann, ist das Letztere deutlich auf ein sehr verzweifeltes Inneres Kind zurückzuführen. Nur bei Inneren Kindern macht eine völlige Hoffnungslosigkeit Sinn, denn als Kind damals hätte man ja nicht ohne die Eltern überleben können. Hingegen können Erwachsene durchaus weiterleben, und einem Erwachsenen bricht zwar mit der Partnerschaft ein wichtiger Teil des Lebens weg, aber eben nicht das ganze Leben. Das kann einen sehr bedeutsamen Unterschied ausmachen.

»Ich habe so große Angst, alleine zu sein und immer alleine bleiben zu müssen!« – Die vielleicht angemessene gegenwärtige Angst wird vom Inneren Kind auch in die Zukunft hineinprojiziert.

»Ich bin so wütend, weil er mir das angetan hat!« – Ein Inneres Kind in Wut kann sich mit Gedanken begnügen, oder eine Ausbildung hinwerfen, eine Wohnung verwüsten, gar ganze Existenzen ruinieren oder Leib und Leben von anderen und seiner selbst zerstören.

Hingegen ist das Abwiegeln von der Abwehr fast wohltuend: »Naja, was soll's, Männer/Frauen sind halt so!«

»Das Leben ist so schwer, ich werde nie wieder einen Partner finden!« – Das resignierte Innere Kind kann sich im Laufe der Zeit immer tiefer hinunterziehen und so für eine selbsterfüllende Prophezeiung sorgen.

»Wäre ich doch nur mehr auf ihn eingegangen! Hätte ich doch da und da mehr Liebe gezeigt!« – Dieses Innere Kind schämt sich seines Verhaltens.

»Ich hab's dir doch gleich gesagt, er ist nichts für dich!« – Als ob man nicht schon selbst genug mit sich und seinem Schmerz zu tun hätte, immer müssen die Inneren Eltern auch noch ihren Teil dazugeben! Und das Innere Kind antwortet dann auf solche Stimmen vielleicht auch noch brav: »Ja, ich hätte schon viel früher auf euch hören sollen!« Dann ist man wieder bei der Scham angelangt – passend zu Inneren Eltern.

Von solchen Gesprächen mit sich selbst ist es nicht mehr weit bis zum endlosen, völlig sinnlosen Gedankenkreisen, das nur schwer zu stoppen ist. Immer und immer wieder wird in inneren Debatten mit sich und den Inneren Kindern in Sekundenschnelle die ganze Paargeschichte durchgegangen. Man hat ja im Laufe der Jahre viele Episoden angehäuft, sodass die Paargeschichte jetzt als eine Art Steinbruch dienen kann, aus dem man die unterschiedlichsten Fossilien je nach vom Unterbewusstsein verlangtem Ergebnis zusammensetzen kann: Wurde der andere eben noch aus der Sicht eines verletzten, ängstlichen, resignierten oder schamvollen Inneren Kindes überhöht dargestellt, wird derselbe Mensch im nächsten Augenblick in Gedanken vom wütenden Inneren Kind fertiggemacht.

Und auch das Gesamtfazit kann in solchen Selbstgesprächen schnell wechseln: »Er war ja schon immer nur auf sich und seine Karriere bedacht, der Kerl! Endlich ist Schluss damit!« und: »Aber wenn er mal Zeit hatte, war er meistens sehr zärtlich und liebevoll! Es ist jammerschade!«

Dabei ist es nützlich zu wissen, dass eine Trennung – wie auch die damalige Entscheidung für die Paarbeziehung – immer nur ein innerer Mehrheitsentscheid ist. Sogar damals in der Verliebtheit war es niemals eine hundertprozentige Entscheidung, obwohl das einem vielleicht so vorkam. Doch der damals äußerlich wie innerlich so schöne Partner wurde lediglich vom eigenen Unterbewusstsein retuschiert. Heute sagt man sich vielleicht: »Ich ahnte damals schon, dass er trank, aber ich hatte das irgendwie nicht wahrhaben wollen.« Ebenso ist es bei einer Trennung nur künstlich möglich, den vor Kurzem noch einigermaßen geliebten Partner in Grund und Boden zu verdammen, und deswegen wird dieser vom wütenden Inneren Kind nun in möglichst schwarzen Farben gemalt. Der unterbewusste Grund dafür ist schlicht und einfach, dass man so leichter auseinandergehen und sich trennen kann. Das ist ähnlich wie damals, als man sich nach einer heißen Liebesnacht nur in zwei Individuen trennen konnte, indem man miteinander Streit anfing. Aber die Erinnerung daran droht die Waagschale schon wieder zur einen oder zur anderen Seite kippen zu lassen: »Wie schön war das doch …!« oder: »Da sieht man es wieder; auch nach so Schönem musste alles immer gleich kaputtgemacht werden!«

Das ist leider ganz normal, da immer nur eine innere Mehrheitsentscheidung gefällt wird.

Wo bleibt bei alledem die oder der Erwachsene? Der erwachsene Teil in uns ist ja keineswegs nur abgeklärt, denn damit wäre er schon in Gefahr, zur Abwehr zu werden. Der Unterschied ist der: Ein Erwachsener trauert auch sehr heftig, aber ist nicht abgrundtief verloren. Ein Erwachsener hat Sorge vor der Zukunft, vielleicht auch ganz handfest, weil etwa der Ernährer der Familie gestorben ist. Aber er weiß – und wenn es nur im tiefsten Innersten ist –, dass das Leben weitergehen wird. Ein Erwachsener ist vielleicht auch sehr zornig über den Betrug des Fremdgegangenen, aber er ist nicht so dumm und zerstört Existenzen und vor allem nicht Leib und Leben. Er versagt sich gegebenenfalls sogar eine Rache, auch wenn das wütende Innere Kind vielleicht Amok laufen will, weil er weiß, dass Rache in keinem Fall glücklich machen wird. Insofern kümmert er sich gut um die Inneren Kinder, weil er vorausschauend denkt und nicht nur spontan wie ein Kind. Und was letztlich wirklich gut ist für einen selbst, ist natürlich auch gut für die Inneren Kinder.

Über die Maßen schmerzhaft kann es sein, wenn einem die Trennung aus heiterem Himmel widerfährt. Ein Partner verunglückt tödlich oder verschwindet über Nacht und ist nicht mehr auffindbar, beides auch Beispiele aus meiner Praxis. Dann steht der Übriggebliebene fassungslos da und kann keine Antworten auf die vielen offenen Fragen erhalten.

Aber auch schon in gewöhnlicheren Fällen kann es dazu kommen, dass es einem Betroffenen den Boden unter den Füßen wegreißt und er zu unüberlegten Handlungen greift, die er später bereut.

Ganz schlimm kann es werden, wenn sich der sich trennende Partner schnell wieder oder gar schon vor der Trennung in eine andere Paarbeziehung begibt. Das kann für alle großen Stress bedeuten und zu heftigen

Eifersuchtsszenen oder sogar zu Stalking, Mord oder Familiendramen mit Morden an den Kindern führen. Hinter solchen extremen Handlungen stecken noch sehr kleine, abgrundtief verzweifelte Innere Kinder. Es gibt vermutlich nichts Schlimmeres, als mit der Kraft eines Erwachsenen ausgestattet zu sein, aber nicht in einer erwachsenen Haltung zu sein und sich damit außerstande zu sehen, für ein verzweifeltes oder mörderisch wütendes Inneres Kind zu sorgen.

Trennungsphasen

Die grundlegenden Phasen, die die bekannte Psychiaterin Elisabeth Kübler-Ross Ende der 1960er Jahre durch ihre Beobachtungen an Sterbenden aufgezeigt hat,[14] können auf Abschiede aus den unterschiedlichsten Gründen übertragen werden. Ich zeige sie am Beispiel einer Trennung eines Paares auf.

Nichtwahrhabenwollen

»Das ist nicht wahr! Wir lieben uns doch!« Die Psyche schaltet zuerst auf Schock und Starre. Der Betroffene bestreitet ein Ende der Beziehung und verbannt alle Aussagen darüber. Vor allem bei plötzlicher Trennung schaltet die Abwehr gnädigerweise alle anderen Reaktionen vorübergehend ab, bewahrt so die psychische

Funktionsfähigkeit des Betroffenen und verschafft ihm erst mal Zeit.

Zorn

Die Zielscheibe des wütenden Inneren Kindes ist natürlich in erster Linie der Verlassende, aber die Wut kann auch auf andere überspringen: auf die Außenbeziehung, auf Personen, die von der Außenbeziehung gewusst, aber nichts gesagt haben, auf Personen, die es gesagt haben, auf das Schicksal, auf Gott und so weiter.

Verhandeln

»Bitte, bitte, verlasse mich nicht; ich tue auch alles, was du willst!« Das angstvolle Innere Kind ist vor abgrundtiefer Verzweiflung bereit, sich noch mehr anzupassen und noch kleiner zu machen. Oder es versucht, mit dem Schicksal oder mit Gott zu verhandeln, damit das Ganze nicht wahr wird.

Depression

Nichts geht mehr: »Es hat alles keinen Sinn mehr!« Das verzweifelte Innere Kind will sich nur noch verkriechen und die Decke über den Kopf ziehen. Für irgendwelche Handlungen hat es absolut keine Kraft mehr.

Zustimmung

Hier ist man wieder in der erwachsenen Welt angelangt. Der nunmehr wieder tätige Erwachsene erkennt immer mehr seine Möglichkeiten und nimmt von ihnen mehr und mehr Besitz. Vielleicht ganz handfest, weil man nach langer Pause wieder arbeiten muss; vielleicht erkennt man auch die Chancen, weil wieder ganz neue Seiten gefordert werden und man sich ihnen gewachsen zeigt; vielleicht sind Kinder da, die ein erwachsenes Auftreten fordern – was auch immer: Man bejaht mehr und mehr die reale Gegenwart.

Das bedeutet nicht unbedingt, dass man alles gutheißt. Man hätte sich das unter Umständen alles ganz anders gewünscht. Aber man hadert immer weniger, gibt Resignation, Gedanken wie »Hätte ich doch nur …« und Selbstvorwürfen des schamvollen Inneren Kindes immer weniger Raum und nimmt die Situation zunehmend so an, wie sie ist.

An den vorsichtigen Formulierungen sehen Sie, dass das immer ein längerer Prozess ist, der nicht in ein paar Wochen vorbei ist. Manche Menschen sind da recht ungeduldig, überspielen das alles vielleicht mit einem neuen Partner und meinen, es gehe ihnen dann gut. Aber man kann solche Prozesse nicht dauerhaft verdrängen. Irgendwann kommen sie wieder hoch, vielleicht in anderer Gestalt, beispielsweise als psychosomatische Krankheit. Deswegen empfehle ich unbedingt, solche Zeiten des Trauerns anzunehmen, statt sie abkürzen zu wollen.

Schlusswort: Die Herausforderung

Dieses Buch hat Ihnen sicher eine Ahnung über die schier unendlichen Tiefen unseres Unterbewusstseins vermittelt. Daraus wird verständlich, dass eine Paarbeziehung manchmal nicht einfach zu leben ist. Sie kann bei aller Freude und Erfüllung auch harte Arbeit an sich selbst bedeuten.

Ähnliches können wir natürlich auch in anderen Beziehungen erleben: Wir können als Angestellter an dem cholerischen Chef reifen und uns einem wütenden oder einem depressiven Inneren Kind gegenüber als liebevoller Erwachsener zeigen; wir können als Lehrer vor einer Schulklasse als Erwachsener standhaft bleiben, statt uns provozieren zu lassen; auch wenn wir uns hinter Klostermauern zurückziehen, müssen wir mit unseren Mitschwestern oder -brüdern klarkommen und so dazulernen, wachsen, reifen. Die am meisten affektbeladenen Beziehungen sind jedoch unsere Liebespaarbeziehungen, deshalb stellen die manchmal die größten Herausforderungen an uns.

Junge Menschen und Anfänger in Liebesbeziehungen begehen vielfach noch den bequemen Fehler, den anderen für Probleme im Miteinander verantwortlich zu machen, beispielsweise weil dieser einen verletzt hat. Und in den ersten Jahren einer Beziehung wird der, dem die Verantwortung zugeschoben wird, sich vermutlich eher anpassen und versuchen, sein Verhalten zu ändern. Bis man irgendwann dahinterkommt, dass beide Partner einen Reifeschritt gehen sollten: der Verletzende und auch der Verletzte. Beide sollten die Tiefen ihres Unterbewusstseins betreten und sich fragen: Was stehen für bisher unterbewusste Erfahrungen hinter unserem Miteinander? Denn alle Verwundungen und Ängste, aller Ärger durch den anderen sind Einladungen der eigenen Psyche, hinter die Kulissen zu schauen, um in reifere Stadien zu kommen. Das ist die Herausforderung.

Falls man diese Herausforderung nicht annimmt, beginnt man sich früher oder später voneinander zu entfernen, erst unmerklich, später unübersehbar, wenn man einander sehr verletzt oder fremdgeht. Es gibt keine Alternative zum eigenen Nachreifen.

Wir können dem Kampf der Geschlechter nicht entfliehen. Sogar in einer gleichgeschlechtlichen Paarbeziehung schwelt er zwischen Animus und Anima. Aber es liegt in unserer Hand, diesen Kampf der Geschlechter in einen Tanz der Geschlechter zu verwandeln, vielleicht in der Art eines Tangos: enge Nähe – wieder alleinlassen – hocherotische Hingabe – wieder auseinander ... Tango kann man nur mit spielerischem Fleiß und ganzer Präsenz lernen und vervollkommnen. So können auch Paarbeziehungen mit immer größerer Präsenz und Bewusstheit der Erwachsenen zur Reife geführt werden, in der die Erwachsenen um ihre Inneren Kinder wissen und gelernt haben, damit umzugehen.

Ein kleiner Test zu Ihrer Paarbeziehung

Mit den folgenden Fragen können Sie beginnen, sich Klarheit über Ihre Beziehung zu verschaffen. Ich empfehle Ihnen, sich zunächst alleine für die folgenden Fragen zu öffnen:

- Sagen Sie sich, dass zwar vielleicht Probleme da sind, Sie es aber »alleine schaffen müssen«?
- Redet Ihr Partner von Problemen, Sie aber können keine finden?
- Oder umgekehrt: Gibt es in Ihrer Beziehung Themen, die Sie schon seit langer Zeit, vielleicht schon seit Jahren, immer wieder versuchen, dem anderen begreiflich zu machen?
- Kennen Sie Situationen, dass durch viele Gesprächen Probleme angegangen werden, man wieder Hoffnung schöpft, aber nach wenigen Tagen oder Wochen doch alles wieder im alten Trott läuft?
- Haben Sie vielleicht zurzeit kein herzliches oder liebevolles Gefühl mehr zu Ihrem Partner?
- Haben Sie sich vielleicht innerlich zurückgezogen? Oder haben Sie sich in äußere Aktivitäten geflüchtet, zum Beispiel in Kindererziehung, ihren Beruf oder in Hausbau? Haben Sie sich also arrangiert (Anpassungsphase)?
- Verschweigen Sie Ihrem Partner vielleicht irgendwelche Dinge, um ihn nicht zu beunruhigen? Vielleicht haben Sie einen netten Jogging-Partner kennen gelernt oder Sie treffen einen Arbeitskollegen, mit dem Sie sich überaus gut verstehen?

■ Gibt es vielleicht Symptome irgendwelcher Art bei Ihnen oder jemandem aus der Familie, besonders auch bei Kindern? Womöglich immer chronischer werdendes Frustessen, andere Süchte, Bettnässen, Zündeln, Diebstahl, Gewalt und so weiter?

Wenn auch nur eines dieser Beispiele irgendwie auf Ihre Situation zutreffen sollte, sollten Sie, so meine ich, eine Paartherapie erwägen. Sie dauert meist nur einige Monate, und es lohnt sich wahrscheinlich. Denn:

■ Zu oft habe ich Paare erlebt, die es allein schaffen wollten und dadurch Jahre verloren haben oder manchmal auch zu spät kamen, um einen gemeinsamen weiteren Weg einschlagen zu können. Eine Paarbeziehung wird von vielen unterbewussten Kräften gesteuert, die oft nur mit fachlicher Hilfe gedeutet werden können.

■ Wenn auch nur einer von beiden sagt oder andeutet, dass es irgendein Problem gibt, haben zwangsläufig beide ein Problem, denn dann steht ja etwas zwischen beiden.

■ Wenn jemand mit seinen Sorgen nicht gehört wird oder die Probleme nicht dauerhaft abgestellt werden, dann versanden allmählich die Gefühle zueinander, bis sie ganz blockiert sind. Sich arrangieren oder anpassen ist dann keine dauerhaft heilende Lösung, sondern lässt nur wertvolle Lebenszeit ungenutzt verstreichen.

■ Wenn es sich um »harmlose« Dinge handelt, gilt: Wenn es wirklich harmlos ist, kann darüber ohne Weiteres gesprochen werden. Wenn man es trotzdem nicht macht, dann – so musste ich es in der Arbeit mit Paaren oft genug miterleben – ist man meist schon unterbewusst dabei, sich aus der Beziehung zu verabschieden. Eine Affäre ist dann nur noch eine Frage der Zeit, auch wenn man selbst glauben will, dass »sowas einem nie passieren« würde. Diesen Satz habe ich auch schon oft in einer Paartherapie gehört, nachdem einer eben doch eine Affäre eingegangen war.

Symptome wie Frustessen, Bettnässen oder Ähnliches können darauf verweisen, dass bei uns Erwachsenen starke seelische Kräfte aktiv sind, dass etwas verkehrt läuft, etwas Wichtiges nicht stimmt. Besonders Kinder entwickeln als häufig die Sensibelsten in der Familie recht schnell Symptome, aber oft geht es weniger um die Kinder als vielmehr um die Familie als Ganzes. Dieses Zusammenspiel der unterbewussten Kräfte sollte mit fachlicher Begleitung herausgearbeitet werden, bevor Symptome sich verfestigen und dauerhaft verselbstständigen.

Als Eltern geben wir unseren Kindern den unterbewussten Rahmen vor, innerhalb dessen sich die Kinder entfalten können. So sind unsere Kinder auch ein Spiegel für uns Erwachsene. Und wir Eltern sollten dankbar den Mut aufbringen, in einen solchen Spiegel zu schauen, gerade auch wenn man zugeben muss, dass die Kinder uns Sorgen machen, wenn sie auffällig, gar straffällig oder drogenabhängig sind. Wir Eltern sind zwar nicht schuld, aber wir sind zumindest verantwortlich. Dabei würde es nur an der Oberfläche kratzen, wenn Symptomen unserer Kinder mit Bestrafungen oder Verboten begegnet werden würde: Die eigentlichen Ursachen liegen tiefer, im Unterbewusstsein, nämlich in dem von uns Eltern vorgegebenen Rahmen.

So lege ich Ihnen ans Herz, nicht zu lange mit einem Therapiebeginn zu warten. Denn auch das musste ich leider oft erleben, dass einer, meistens die Frau, viele, viele Monate oder Jahre versucht hatte, den Partner zu einer gemeinsamen Therapie zu bewegen, aber abgewimmelt oder beschwichtigt wurde. Und als der andere irgendwann aufwachte, war es zu spät: Gefühle können auch sterben. Wenn sie »nur« verschüttet sind, können sie vielleicht wiederbelebt werden. Aus diesen Gründen empfehle ich Ihnen, dass Sie über Ihre Antworten auf die obigen Fragen auch als Paar reden.

Der Psychiater und Harvard-Professor George Vaillant hat in einer Längsschnitt-Studie 268 Harvard-Absolventen vom Studium bis zum Ruhestand begleitet und die Frage untersucht: Was machen glückliche Menschen anders als andere? Das Fazit formulierte er prägnant in einem Interview des SZ-Magazins in dem Artikel »Der weite Weg zum Glück«:[15] »Glück ist, nicht immer alles gleich und sofort zu wollen, sondern sogar weniger zu wollen. Das heißt, seine Impulse zu kontrollieren und seinen Trieben nicht gleich nachzugeben. Die wahre Glückseligkeit liegt dann in der echten und tiefen Bindung mit anderen Menschen.«

Und ein wenig später erklärt er: »Lieben und Verzeihen sind Geschwister (…)«

Anhang:
Anregungen für den Paaralltag

Miteinander reden

Miteinander reden: Grundlagen

Studien über glückliche Paare überall auf der Welt haben gezeigt: Glückliche Partner reden miteinander, und zwar über Wesentliches, nicht nur über das Wetter. In der Verliebtheitszeit hatte man ja keinerlei Mühe damit, da wurde gar nächtelang geredet. Aber um das intensive Gespräch wieder zu etablieren, braucht es Bewusstheit in beiden: Die eigene Psyche hat sich den anderen unterbewusst ausgewählt, weil sie will, dass man von ihm etwas lernen soll.

Gegensätze brachten in der Verliebtheitsphase eine Saite in den Partnern zum Klingen. Diese Besonderheit soll mehr und mehr zur Entfaltung kommen. Also kann man sich fragen: Was hatte mich an dem anderen früher so fasziniert? Dieses gilt es, auch in einem selber zu entwickeln (Übungen dazu weiter unten).

Auch leidige Wunden, die der andere vielleicht immer wieder öffnet: Das ist ebenfalls eine Aufforderung der eigenen Psyche, dass die Wunden endlich geheilt werden sollen.

Wenn man sich diesem Ruf stellen will, wird man

kaum ohne Annäherung an die unterbewussten Zusammenhänge und die behutsame Veränderung des unterbewussten Wirkens ein Heilwerden erleben können. Dazu kann eine Psychotherapie helfen oder eine eventuell begleitete Innere-Kind-Arbeit. Weitere Wege könnten auch Meditation sein oder Yoga – kurzum alles, was möglichst wenig über den Verstand läuft, denn das Unterbewusstsein ist nicht dem Hilfsmittel des Verstandes, dem Willen, unterstellt.

Miteinander reden: Grundregeln

Ein Gespräch über ein schwieriges Thema zu führen kann leichterfallen, wenn Sie sich an die folgenden Regeln halten:

- Vielleicht haben Sie eine Liste von Streitpunkten oder schwierigen Themen. Wählen Sie davon ein einzelnes Thema aus.
- Prüfen Sie vorab: Geht es wirklich um eine Streitklärung? Wenn es um etwas anderes geht, zum Beispiel den anderen um Verzeihung zu bitten oder ihn in Ruhe zu lassen, sollte man nicht mit einer Streitklärung anfangen.
- Sie sollten auf jegliches »destruktives Streitverhalten« (siehe Abschnitt »Selbstreflexion zum Streitverhalten«) verzichten.
- Den Partner sollten Sie würdigen, indem Sie um eine Verabredung für Zeit und Ort bitten. Wenn ein Erwachsener eine Auseinandersetzung führen will, ist

es an sich selbstverständlich zu fragen, ob es jetzt und an dem betreffenden Ort passt, wohingegen Innere Kinder am liebsten »alles auf der Stelle und sofort« klären wollen. Der andere darf ablehnen, sollte dann aber innerhalb der nächsten 24 Stunden einen ausreichend langen Zeitraum als Alternativtermin nennen.

- Grundsätzlich sollten keine Auseinandersetzungen am Telefon, im Dunkeln, im Auto, bei größerer Müdigkeit oder in alkoholisiertem Zustand geführt werden. Stattdessen sollte man einander gegenübersitzen und beim Reden anschauen. Dies erhöht die Wahrscheinlichkeit, in der Gegenwart zu bleiben und damit Sachlichkeit zu wahren.

Auch sollte man keinen Konflikt in der Öffentlichkeit oder an anderen Orten austragen, der sich für einen selbst oder den Partner nachteilig auswirken könnte.

- Sie sollten sich auf ein einziges Thema einigen: konkretes Problem, konkrete Situation, so eingegrenzt wie möglich. Auch wenn beispielsweise der andere »genau dasselbe« tut, ist dies ein zweites Thema und soll nicht gleichzeitig besprochen werden, sonst verzettelt man sich. Es ist besser, gemeinsam eine kleine Sache zu klären, als bei zehn Themen nur die Deckel aufzumachen.

- Jeder spricht kurz, nennt also jeweils nur einen Aspekt.

- Das Ziel ist, eine Übereinkunft mit dem Partner zu erarbeiten. Nur wütende Innere Kinder streiten sich ohne positives Ziel.

155

- Falls das Gespräch destruktiv zu werden droht, sollte man frühzeitig die Notbremse ziehen und für die Fortführung des Gesprächs eine Folgeverabredung treffen. Diese Verabredung wird nach den Regeln der oben beschriebenen »Notbremse« nicht sofort getroffen, aber binnen 24 Stunden.

Miteinander reden: Kontrollierter Dialog

Ein kontrollierter Dialog ist eine Übung, mit der in der Gruppendynamik gearbeitet wird. Sie dient dazu, die Aufmerksamkeit und die Wahrnehmung und vor allem ein genaues Zuhören zu schulen.

Insbesondere in Streitphasen sind die Partner vor allem mit den eigenen Gedanken beschäftigt und hören nur, was sie schon kennen beziehungsweise hören wollen. Jeder erinnert sich an ähnliche Geschichten aus der Paarbeziehung, bewertet oder verurteilt das Gehörte und legt sich schon mal eine Strategie zur Erwiderung zurecht. Dabei werden natürlich wesentliche Inhalte des Gemeinten verpasst. Schlimmstenfalls reden die beiden im Streit gleichzeitig aufeinander ein. Das soll in dieser Gesprächsform anders ablaufen, nämlich »kontrolliert«:

- Partner A trägt sein Anliegen vor, und zwar jeweils nur einen Gedanken, sonst wird es zu lang. Beispiel: »Ich bin sauer darüber, dass du häufig zu spät kommst.«
- Partner B wiederholt mit eigenen Worten, was B verstanden hat: »Du meinst also, ich verspäte mich oft.«

- A sagt »Nein« beziehungsweise »Ja«, je nachdem, ob er sich verstanden fühlt.
  Bei »Nein« hat B noch eine Möglichkeit des Nachtrags. Falls dieser zeigt, dass A sich noch nicht verstanden fühlt, wiederholt A noch einmal sein Anliegen.

- Erst wenn A mit »Ja« antwortet, hat B seinerseits die Möglichkeit zu einer Erwiderung.

- Wenn man nicht zuhören kann, weil man zum Beispiel innerlich zu sehr mit dem Tonfall des anderen und mit eigenen Gefühlen beschäftigt ist, sollte man den Partner darüber informieren und selber dafür sorgen, dass man wieder zuhören kann.

- Wenn man ein Argument des Partners überzeugend findet, sollte man das anerkennen und formulieren. Es kommt vielfach vor, dass man eine Zustimmung wohl denkt, aber nach außen einfach übergeht und das Thema wechselt, weil eine Innere-Kind-Stimme einem angstvoll mit zusammengebissenen Zähnen zuruft: »Bloß nichts zugeben, sonst haben wir verloren!«

- Wenn man auch nach einiger Zeit bei den Thema nicht übereinstimmt, dann sollte man das anerkennen und aufhören mit Reden, anstatt eine Einigung erzwingen zu wollen.

Dieses Schema mag auf den ersten Blick starr erscheinen, aber es ist eine gute Gegenstrategie zu immer wieder ausufernden Streits. Probieren Sie es einfach mal aus.

Miteinander reden: Einander in die Augen schauen

Diese Gesprächsübung kann recht intensiv sein. Deshalb empfiehlt es sich bei nicht so erfahrenen Paaren, diese Übung anfangs nur mit einem neutralen Begleiter zu machen.

Man sitzt sich im Abstand von ungefähr 80 Zentimetern gegenüber, sodass man auf einer Linie mit dem Partner ist. Dann schließt man die Augen und fühlt in seinen Körper hinein, zunächst nur ganz für sich alleine. Eine halbe bis eine Minute reicht, um klar darüber zu werden, wie die momentane Grundgestimmtheit ist.

Dann machen Sie die Augen auf und halten fortan Blickkontakt. Probieren Sie, weiter in Ihren Körper und gleichzeitig in die Beziehung zu spüren: Wie verändert sich das Körpergefühl? Sprechen Sie dabei nicht miteinander, sondern nehmen Sie nur alles wahr. – Geben Sie sich wieder eine halbe bis eine Minute Zeit.

Dann rutschen Sie mit Ihren Stühlen näher zueinander, halten wieder eine halbe bis eine Minute lang Blickkontakt und stellen sich dieselbe Frage: »Wie verändert sich das Körpergefühl?«

Gegebenenfalls fassen Sie sich dann an den Händen, wobei beide eine »gebende« und eine »nehmende« Hand halten, also die linke Hand soll bei beiden jeweils nach oben zeigen, die rechte nach unten. – Halten Sie weiter Blickkontakt und stellen Sie sich dieselbe Frage in derselben Zeitspanne. (Anfassen ist nicht zuträglich, wenn einer oder beide Partner wütend sind.)

Danach wenden Sie sich dem zu klärenden Thema zu. Vielleicht könnten Sie dieses In-die-Augen-Schauen mit dem Kontrollierten Dialog kombinieren.

Stetiger Blickkontakt ist hilfreich dafür, nicht in die Vergangenheit abzurutschen (»Gestern hattest du wieder ...«) oder in die Zukunft zu projizieren (»Und das wird immer so bleiben!«). Mit stetigem Blickkontakt steigt die Wahrscheinlichkeit erheblich, sachlich zu bleiben und sich sogar wieder auf die Liebe besinnen zu können.

Miteinander reden: Ein Tipp

In meiner Praxis halte ich die Paare dazu an, dass die Gespräche gewaltfrei geführt werden. Das bedeutet, dass die Partner sich mit der Gewaltfreien Kommunikation (GfK) vertraut machen und damit arbeiten.

Kurz gefasst erweckt die GfK im anderen die größtmögliche Wahrscheinlichkeit, die am Schluss jeder Sequenz stehende Bitte auch zu erfüllen. Die GfK ist damit das beste mir bekannte Instrument für Kommunikation – dies jedoch auch, weil es weit über den konkreten Nutzen in Gesprächen hinaus eine wertschätzende Lebenshaltung vermittelt.

Eine Zusammenfassung zur GfK finden Sie im Internet unter www.gewaltfreiforum.de. Für Einsteiger empfehle ich das Buch von Serena Rust: »Wenn die Giraffe mit dem Wolf tanzt«. Sie ist eine Schülerin von Marshall Rosenberg, der die Gewaltfreie Kommunikation entwickelte, und vermittelt leicht verständlich die Grundzüge.

GfK-Trainer ermöglichen in meist kurzen Kursen einen Zugang. Sie finden Angebote in allen größeren Städten unter www.gewaltfrei.de.

Miteinander reden: Der Streit ist vorüber

Der Streit ist beendet, wenn

- Klarheit gefunden wurde;
- sich beide in ihrem Körper wieder wohlfühlen. Manchmal braucht ein Wohlfühlen auch eine körperliche Ausdrucksmöglichkeit wie Wohnung schrubben, Gartenarbeit und solche an und für sich nützlichen Dinge mehr;
- beide wieder die Liebe füreinander fühlen können und vielleicht beide über den Streit inzwischen sogar lachen können;
- beide dankbar sind für das, was sie gelernt haben;
- kein geheimes Übelnehmen aufrechterhalten wird.

Miteinander reden: Mögliche Abschlussrituale

Dann sollte die Auseinandersetzung auch formal beendet werden, beispielsweise durch einen Handschlag, eine Umarmung, einen Kuss, ein gemeinsames Glas Wein, ein Verbrennen der auf einen Zettel geschriebenen Anklagen, einen gemeinsamen Spaziergang, oder man pflanzt gemeinsam im Garten oder im Park oder Wald etwas und so weiter. Der Fantasie sind keine Grenzen gesetzt. Insbesondere nach schwerwiegenden Problemen sollte unbedingt ein Ritual durchgeführt werden. Damit bekommen die Inneren Kinder Sicherheit: Jetzt ist alles wieder gut!

Miteinander reden: Ein Verzeihungsritual

Als Vorbereitung zu einem endgültigen Verzeihen können Sie für sich nachfühlen, was in Ihnen vorgeht, wenn Sie die unten aufgeführten Sätze für sich alleine sprechen. Stellen Sie sich dabei vor Ihrem inneren Auge Ihren Partner vor.

Was für verschiedene Gefühle haben Sie? Seien Sie ganz ehrlich und notieren Sie die Gefühle.

Wenn Sie schon etwas geübt in der Unterscheidung sind, können Sie die Gefühle sortieren in Gefühle des Erwachsenen und Gefühle der Inneren Kinder. Es ist wahrscheinlich ein Gemisch von beidem; teilen Sie es einmal intuitiv prozentual auf: Wie viel Prozent von dem Gefühl fühlt der Erwachsene, wie viel das Innere Kind? Diese Aufteilung können Sie bei jedem Ihrer Gefühle vornehmen.

Wenn Sie noch gründlicher sein wollen, können Sie zusätzlich auch noch die Intensität der Gefühle auf einer Skala zwischen 0 und 100 ausdrücken und notieren, wie stark Sie es im Moment empfinden: Null = kein Gefühl, 100 = Maximum an Intensität in dem Gefühl.

Wiederholen Sie nach ein paar Tagen vielleicht diese Übung, machen Sie wieder Notizen zu allem. Fahren Sie so fort, bis Sie meinen, diese Sätze auch in Gegenwart des anderen sprechen zu können. Hier ist nun der Wortlaut:

1. Ich verzeihe dir bedingungslos, wo du mich verletzt hast, und werde die Erinnerung daran loslassen und nicht mehr gegen dich gebrauchen.
2. Ich bitte um Verzeihung, wo ich dich verletzt habe, und werde versuchen, diese Fehler nicht wieder zu begehen.
3. Ich verzeihe mir selbst bedingungslos, wo ich dich verletzt habe, und werde versuchen, diese Fehler nicht wieder zu begehen.

Ich lege Ihnen ans Herz, diese Übung im Bedarfsfall tatsächlich zu machen, nicht nur hier zu lesen und darüber nachzudenken. Durch die Übung können sich im Unterbewusstsein noch vorhandene Gefühle melden, die sonst leicht unter den Tisch der Abwehr fallen. Die Erfahrung ist, dass bei Verletzungen viel mehr »innere Türen« geschlossen werden, als einem bewusst ist, weil das Innere Kind Angst vor weiteren Wunden hat. Und diese Türen des Herzens sollen ja möglichst alle wieder geöffnet werden. Der Weg bis dahin kann sich über einige Wochen oder unter Umständen Monate hinziehen. Falls Sie jedoch über noch längere Zeit im Schmerz, in der Angst, Wut, Resignation oder Scham stecken bleiben, sollten Sie sich vielleicht zur Unterstützung für Sie an einen Fachmann oder eine Fachfrau wenden.

Zuletzt machen Sie dieses Ritual im Beisein Ihres Partners und schließen das Ganze ab.

Besonders nach einer Affäre, wenn der Weg zu- und miteinander wieder frei ist, können Sie dann überlegen, sich vielleicht erneut Treue zu geloben.

Wieder in die Liebe kommen

Wieder in die Liebe kommen: Die Oben/Unten-Übung

Die Inneren Kinder sind immer auf Zuwendung aus, und in meinen Paartherapien ist eine der häufigsten Klagen, dass man von dem Partner zu wenig beachtet wird. Haben Sie, Ihr Partner oder Sie beide ähnliche Empfindungen, können Sie diese Übung durchführen. Sie beide sollten sich dafür fünf bis 15 Minuten Zeit nehmen; sorgen Sie dafür, dass es keinerlei Störungen durch Telefon, Kinder oder Haustiere gibt.

Partner A setzt sich auf ein Sofa, ein Kissen auf dem Schoß. Partner B legt sich längs, mit dem Rücken zu A und dem Kopf auf das Kissen. A streichelt nun B die ganze vereinbarte Zeit über, wie wenn man ein Kind streicheln würde – also nur Kopf, Nacken, Schultern, aber keine erogenen Bereiche, die sind ausdrücklich ausgeschlossen. A sollte ganz langsam streicheln, andernfalls wird B vielleicht nervös. A muss auf die Zeit achten, während für B die einzige Aufgabe darin be-

163

steht, die geschenkte Zuwendung zu genießen. Die ganze Zeit über sollte geschwiegen werden; nur falls etwas unangenehm wird, sollte man das natürlich sofort sagen und ändern.

Nach dem Ablauf der Zeit sollte man sich für mindestens 20 Minuten trennen, um das Erlebnis auf sich wirken zu lassen. Danach kann man wieder zusammenkommen und machen, was gerade dran ist.

Frühestens am nächsten Tag sollten die Rollen getauscht werden. Diese Zeit soll verstreichen, damit nicht etwa unterbewusst eine Art Handel gemacht wird: »Ich streichele ihn, damit er mich auch gleich streichelt.« Stattdessen sollte Zuwendung immer zweckfrei sein, sowohl das Geben als auch das Empfangen.

Diese Übung ist natürlich bei den Inneren Kindern sehr beliebt, aber auch die Erwachsenen sind meist recht zufrieden. Und Frauen, die sonst das Gefühl haben, dass der Mann fast immer nur auf Sex aus ist, genießen diese Übung besonders, da Sex ja ausdrücklich verboten ist. Und Männer, die sich vielleicht oft unter Leistungsdruck fühlen, sofort »zur Sache« kommen zu müssen, bekommen mit dieser Aufgabe einen Vorwand, das Streicheln und Gestreicheltwerden auch zu genießen.

Wieder in die Liebe kommen:
Die fünf Sprachen der Liebe

Diese Übung kann Horizonte erweitern, weil sie einen Liebe selbst da entdecken lässt, wo man sie vielleicht am wenigsten erwartet. Das Konzept wurde von dem Beziehungsberater Gary Chapman beschrieben.[16] Er ging der interessanten Frage nach, wodurch sich ein Partner vom anderen geliebt fühlt, und kam auf fünf Kategorien, die »fünf Sprachen der Liebe«. Probleme entstehen dadurch, dass wir meistens unterschiedliche Sprachen der Liebe sprechen; dann wundern wir uns, warum der andere die Liebe scheinbar nicht erwidert.

Die fünf Sprachen der Liebe sind:

- Lob und Anerkennung;
- Zweisamkeit – Zeit nur füreinander;
- Geschenke, die von Herzen kommen;
- Hilfsbereitschaft, Einsatz für die Beziehung;
- Zärtlichkeit.

Ich erlebe es in der Paartherapie oft, dass die Frau ihrem Partner einen Vorwurf macht wie: »Du liebst mich gar nicht! Du hast so selten Zeit für mich und die Familie!« Nie habe ich bisher als Antwort darauf Zustimmung erlebt »Du hast Recht!« Sondern es gab immer Entgegnungen wie »Aber ich liebe dich doch! Ich sichere unseren Lebensstandard, indem ich das Geld nach Hause bringe!« Und schon haben die beiden aneinander vorbeigeredet, weil sie verschiedene Sprachen der Liebe sprechen.

165

Wenn man ein fremdes Land bereist, kann man nicht erwarten, dass alle Leute dort Deutsch sprechen. Deshalb bemüht man sich, sich zumindest ein paar Brocken der fremden Sprache anzueignen. Möchte man sogar in dem anderen Land leben, wird man die Landessprache erlernen. Ebenso sollte man die Sprache der Liebe des Menschen erlernen, mit dem man zusammenlebt.

Stellen Sie sich die folgenden Fragen:

- Wodurch wird mein »Liebestank« gefüllt? Also: Welche Sprache, welche Sprachen kann ich verstehen, wodurch fühle ich mich wirklich geliebt?
- Erstellen Sie vielleicht eine Rangfolge der Sprachen der Liebe nach der Wichtigkeit für Sie.
- Wie drückt mein Partner seine Liebe aus? Welche Sprache, welche Sprachen spricht er also?
- Was vermute ich, wie mein Partner die Frage beantwortet, welche Sprache oder Sprachen ich verstehen kann und welche Sprache beziehungsweise Sprachen er versteht?

Wieder in die Liebe kommen: Nach Positivem Ausschau halten

Diese Aufgabe sollten Sie und Ihr Partner sich gemeinsam stellen und sie dann mindestens eine Woche lang erfüllen. Danach ziehen Sie gemeinsam Bilanz. Wenn Sie mögen, können Sie jeweils um eine weitere Woche verlängern:

Versprechen Sie einander, dass Sie eine Woche lang

täglich mindestens zwei kleinere Dinge aus Liebe für den anderen tun, ohne das irgendwann zu nennen. Beispielsweise legen Sie einen netten Gruß in den Aktenkoffer oder die Handtasche, stellen einen selbstgepflückten Blumenstrauß hin, besorgen Karten fürs Kino und so weiter. Diese kleinen Aktivitäten sollten zusätzlich zu all dem geschehen, das Sie sonst ohnehin erledigen.

An jedem Abend hält jeder für sich alleine schriftlich fest, was er von dem anderen alles bekommen hat. Tauschen Sie sich nicht gleich darüber aus; tragen Sie erst am Ende der Woche abwechselnd je einen Punkt von Ihren Notizen vor. Beginnen Sie einfach immer mit: »Ich danke dir dafür, dass du …!«

Vielleicht werden Sie verwundert sein, was Sie alles so gemacht haben sollen, wovon Sie gar nichts wussten oder das Sie gar nicht mehr wahrgenommen haben. Aber das sollten Sie keinesfalls korrigieren, sondern lassen Sie alles so stehen. Es tut auf seine Weise gut.

Wieder in die Liebe kommen:
Die Liebe strömen lassen

Diese Übung habe ich bei dem Psychologen Reiner Noreisch[17] kennengelernt. Ich gebe sie hier mit seiner freundlichen Erlaubnis und in verkürzter Form wieder:

Setzen Sie sich gegenüber, sodass sich die Knie fast berühren, und sehen Sie sich schweigend mindestens für fünf Minuten nur in die Augen. Dabei drücken Sie nur über Ihre Augen Ihre Liebe aus, und zwar indem

Sie sich vorstellen, dass Sie von einer Wolke von Liebe umgeben sind und Sie diese Liebe ohne jegliche Anstrengung durch die Augen fließen lassen.

Wieder in die Liebe kommen:
Sich erinnern an die erste Zeit

Machen Sie sich schick und gehen Sie mit Ihrem Partner aus, vielleicht ganz so wie damals in der Verliebtheitszeit. Gehen Sie in ein Restaurant und erzählen Sie sich dort gegenseitig, was Sie damals am anderen so faszinierend gefunden haben, dass Sie sich damals in den anderen verliebten. Das ist bestimmt abendfüllend, außerdem all die Erinnerungen: »Weißt du noch, damals …« Lassen Sie die heute vielleicht belastende Zeit bewusst einmal ganz beiseite.

Wieder in die Liebe kommen:
Sich eine Urkunde überreichen

Wenn Sie beide mögen, können Sie sich auch Ihre Liebe mit jeweils einer Urkunde besiegeln, wobei Ihrer Fantasie keine Grenzen gesetzt sind: Sie können auf besonders schönem Papier in vielleicht edler Schrift beide je eine Urkunde gestalten. Beispielsweise können Sie aufschreiben, wann Sie den anderen kennengelernt haben und wo; und vor allem detailliert bekunden, was Sie damals sofort in den Bann gezogen hat. Oder/und Sie notieren auch, was Sie heute dem Partner alles zu verdanken haben: Bei den Kindern angefangen über Dinge wie Steuererklärung oder Blumenschmuck bis hin zu so genannten Selbsterständlichkeiten wie die tägliche Arbeit im Büro oder Zuhause. Darunter setzen Sie den Ort, das heutige Datum und Ihre Unterschriften. Dann können Sie eine feierliche Zeremonie durchführen, in der Sie sich gegenseitig je einen der Punkte vorlesen und am Schluss die Urkunden formvollendet überreichen.

Den Partner als Spiegel für die eigenen hellen Seiten entdecken

Ihre Erinnerungen an die damals enormen Kräfte der Verliebtheit können Sie dazu nutzen, dass Sie sich selbst in Ihrem Partner spiegeln. Die folgende Übung sollte jeder für sich alleine durchführen.

Notieren Sie auf einem Blatt untereinander jeweils ein Stichwort, was Sie und Ihre Inneren Kinder damals am anderen so faszinierend gefunden hatten, zum Beispiel: »selbstsicheres Auftreten« oder »tolle Figur«.

Wenn Sie alles aufgelistet haben, dann haben Sie damit zugleich eine Liste darüber erstellt, was Ihre Psyche, Ihr Unterbewusstsein, entwickelt haben will. Die damals vom anderen zum Klingen gebrachte Saite, das Potenzial also, ist bereits in Ihnen vorhanden. Vielleicht haben Sie inzwischen sogar schon einige der Eigenschaften entwickelt.

Anhand der beiden obigen Beispiele verdeutlicht bedeutet das: Sie haben auch das Potenzial zu selbstsicherem Auftreten; auch Sie haben eine tolle Figur. Denn solche Zuschreibungen wie »toll« liegen keineswegs in äußeren Formen, sondern fast ausschließlich in einer inneren Haltung, einer inneren Ausstrahlung. Ich habe in meiner Praxis beispielsweise schon bildhübsche Frauen gesehen, von denen aber keine Ausstrahlung ihrer Schönheit ausging, weil sie selbst sich nicht als »schön« anerkannten und deshalb auch nicht schön wirkten. »Schönheit« ist eine innere Haltung.

Sie können auch eine Fantasie-Liste erstellen, wenn Sie mögen: »Mein Idealpartner sollte folgendermaßen sein …« Auch eine solche Liste drückt den Wunsch der eigenen Psyche aus, selbst so zu sein beziehungsweise zu werden. – Ist das nicht beeindruckend, was unser Unterbewusstsein alles zum Reifen gebrauchen kann?

Den Partner als Spiegel für die eigenen dunklen Seiten entdecken

Auch in der Kampfphase werden immense Gefühle frei. Da geht es ja um Enttäuschungen, Frustration und Wut, und wenn da noch alte problematische Gefühle der Kindheit mitmischen, entstehen in den allermeisten Fällen große Verletzungen. Und das »nur« aufgrund von Begebenheiten, zu denen der Partner vielleicht zwar einen Anstoß lieferte, aber nicht die Ursache war. Denn die Ursache liegt stets in den Erfahrungen der eigenen Inneren Kinder.

Aber auch diese Enttäuschungen sollten Sie nicht ausklammern, denn Verdrängen funktioniert auf die Dauer nicht. Ziel dieser Übung ist zu unterscheiden, welches die Paarthemen sind, die Sie gemeinsam anpacken müssen und welches eigene Themen sind, die Sie nur alleine verändern können und somit nicht mit dem Partner zu klären sind.

Bei einer solchen Bestandsaufnahme der negativen Seiten der Partnerschaft sollte jeder wieder für sich allein arbeiten und sich mindestens eine Stunde Zeit nehmen für die folgenden Fragen:

1. Welche Enttäuschungen habe ich im Laufe der Jahre in meiner Partnerschaft schon erlebt, welche Wunden habe ich erhalten?
   Schreiben Sie jede Enttäuschung und jede Wunde auf je ein Blatt. Suchen Sie dann das Blatt mit dem für Sie höchsten Stellenwert heraus und beantworten Sie sich dazu die weiter unten aufgeführten Fragen. Bearbeiten Sie auf dieselbe Weise in der nächsten Zeit alle Blätter.
   Falls Ihnen keine Ideen zu den Fragen einfallen, können Sie sich mit einem guten Freund oder einer guten Freundin zusammensetzen oder sich für wenige Stunden fachliche Hilfe holen. Besonders die vierte Frage ist wahrscheinlich nur nach einigem Nachsinnen zu beantworten, denn da geht es um unter der

Abwehr vergrabene Lebensthemen. Und bei den Fragen 2 und 6 ist es wirklich nicht einfach, sich den Fragen ehrlich zu stellen, statt alles nur am Partner festzumachen. Aber ehrliche Antworten zeugen von wirklicher innerer Reife.

2. Wie habe ich meistens auf die Enttäuschung oder Wunde reagiert?
3. Um welche allgemeineren, also tiefer liegenden Themen geht es bei der Enttäuschung oder Wunde?
4. Sind mir diese Themen schon in meinem Leben vor der Partnerschaft bekannt? Sind es vielleicht Lebensthemen, also schon aus der Kindheit oder Jugendzeit?
5. Wenn ja: Was wäre demzufolge zu lernen?
6. Was wäre zu lernen für mich?
7. Was wäre zu lernen auch für uns beide? Was wollen wir fördern? Was können wir alleine lernen, wo könnte uns Hilfe von außen nützlich sein?
8. Was hat dieses Thema für mich für einen Stellenwert?

Abschließend möchte ich Ihnen an zwei Beispielen zeigen, wie Sie diese Fragen für sich und Ihre Beziehung nutzen können.

Beispiel 1

1. Welche Enttäuschungen oder Wunden habe ich im Laufe der Jahre in meiner Partnerschaft erlebt? *Zu wenig Sex.*
2. Wie habe ich meistens darauf reagiert? *Mit Maulen* (ärgerliches Kind, was sich aber nicht so recht traut,

wütend zu sein); *mit Rückzug* (depressives Kind: »Kann eh nicht darüber reden!«); *mit Heimlichkeiten, zum Beispiel Pornos gucken* (je nachdem zum Beispiel wütendes Kind: »Jetzt zeig ich's der mal!«, depressives Kind oder schamvolles Kind, wenn man eigentlich nicht zu sich steht).

3. Um welche allgemeineren Themen geht es bei der Enttäuschung? *Zu wenig Liebe. Keine Anerkennung als Mann. Zu wenig Spaß! Nicht akzeptiert werden mit meinen Bedürfnissen.*

4. Sind diese Themen schon in meinem Leben bekannt vor der Partnerschaft? Sind es also Lebensthemen, vielleicht schon aus der Kindheit oder Jugendzeit? *Ja, ich fühlte mich schon als Kind wenig geliebt und akzeptiert.*

5. Wenn ja: Was wäre demzufolge zu lernen? *Geliebtsein auch auf anderen Gebieten zu empfinden, nicht nur beim Sex. Mich selbst als sexuelles Wesen anerkennen – und vielleicht meine Frau begeistern lernen. Spaß auch in weiteren Lebensbereichen entwickeln. Und sich besser vertreten lernen.*

6. Was wäre zu lernen für mich? *Eigentlich alles.*

7. Was wäre zu lernen auch für uns beide? *Dass wir beide noch mehr Spaß am Sex haben können!*

8. Was hat dieses Thema für mich für einen Stellenwert? *Sehr wichtig.*

Beispiel 2

1. Welche Enttäuschungen oder Wunden habe ich in meiner Partnerschaft erlebt? *Zu wenig Mithilfe im Haushalt.*

2. Wie habe ich meistens darauf reagiert? *Ärger, Schmerz, Verschließen von Herz und als Folge davon auch von Sex* (resigniertes Kind; ängstliches Kind – will sich nicht mehr aufmachen).

3. Um welche allgemeineren Themen geht es bei der Enttäuschung? *Anerkennung, Alleinstehen mit aller Arbeit, »Das Leben ist nur Arbeit!!«.*

4. Sind mir diese Themen schon in meinem Leben vor der Partnerschaft bekannt? Sind es also Lebensthemen, vielleicht schon aus der Kindheit oder Jugendzeit? *Natürlich, den Spruch habe ich von meiner Mutter. Das war auch ihre Erfahrung gewesen. Und ich musste damals auch schon mit allem alleine fertig werden.*

5. Wenn ja: Was wäre demzufolge zu lernen? *Sich selbst wertschätzen, alte Enttäuschungen des Alleingelassenseins endlich mal aufarbeiten, Leben als Spiel zu erkennen …*

6. Was wäre zu lernen für mich? *Alles.*

7. Was wäre zu lernen auch für uns beide? *Zusammen unser Leben GENIESSEN!!*

8. Was hat dieses Thema für mich für einen Stellenwert? *Darum dreht sich alles!*

Wenn Sie diese Fragen für sich selbst beantwortet haben, könnten Sie sich später zusammensetzen und einander abwechselnd die »Lernaufgaben für uns beide« nennen. Der andere hört zu, ohne einen Kommentar abzugeben. Erst wenn alle beide fertig sind, sollten Sie sich darüber austauschen.

Anmerkungen

1 So die Themenwoche »Mythos Intelligenz« in 3sat passim, z. B. 09.04.2015: »Die Macht des Unbewussten«, sowie Roth, Gerhard: 90 Prozent sind unbewusst. In: PSYCHOLOGIE HEUTE 02/2002

2 Wie z. B. Roth, Gerhard: Mit Bauch und Hirn. In: ZEITmagazin 22. November 2008

3 Ausführlich beschrieben ist das Konzept vom Inneren Kind in Bartning, Peter: Auf dem Weg mit dem Inneren Kind. Freiburg 2015

4 Bradshaw, John: Das Kind in uns. München 1992

5 Chopich, Erika J. und Paul, Margaret: Aussöhnung mit dem inneren Kind. Freiburg 1993

6 Bartning, Peter, a. a. O, Seite 28

7 Nach Jellouschek, Hans: Die Kunst, als Paar zu leben. Stuttgart 1992, Seite 26ff

8 Nach Berne, Eric: Was sagen Sie, nachdem Sie ›Guten Tag‹ gesagt haben? München 1975, Seite 159ff. – Dieses Phänomen eines Lebensmottos wird in der TA-Literatur und von deutschen Übersetzern mitunter mit verschiedenen Namen belegt, z. B. »Etikett«, »Sportleibchen« (= Sweatshirt), »Anhänger«. Darüber findet sich eine Übersicht in Schlegel, Leonhard: Grundriß der Tiefenpsychologie Band V. München 1979, Seiten 107f

9 Karpman, Stephen: Fairy Tales and Script Drama Analysis, TAB 7 (1968), S. 39–43

10 Deida, David: Der Weg der wahren Mannes. Bielefeld 2006, Seite 15

11 Bartning, Peter, a. a. O., Seite 127f

12 Nach Berne, Eric, a. a. O., Seite 236

13 Dieser Hinweis geschieht mit freundlicher Erlaubnis von Ann-Marlene Henning.

14 Deutsche Ausgabe: Kübler-Ross, Elisabeth: Interviews mit Sterbenden. Stuttgart 1971

15 Vaillant, George: Der weite Weg zum Glück, SZ-Magazin Heft 13/2013

16 Chapman, Gary: Die fünf Sprachen der Liebe. Marburg 1992

17 Noreisch, Reiner/Lübeck. Mündliche Mitteilung 2005; mit freundlicher Erlaubnis verwendet